sobinfluenciaedições
autonomialiterária

ROSTOS COBERTOS **CORAÇÕES À MOSTRA**

FUTEBOL, AUTONOMIA E LUTA ZAPATISTA

MICAEL ZARAMELLA [ORG.]

ZAPATISTAS QUE JOGAM BOLA E OUTROS MUNDOS POSSÍVEIS

Em 1º de janeiro de 1994, cerca de 2 a 3 mil zapatistas se levantaram em armas e tomaram sete municípios do estado de Chiapas, no México. Apresentando suas demandas na *Declaração da Selva Lacandona* – organizada fundamentalmente em torno de "trabalho, terra, abrigo, alimentação, saúde, educação, independência, liberdade, democracia, justiça e paz"[1] – naquele momento o Exército Zapatista de Libertação Nacional (EZLN) apresentava-se abertamente ao resto do mundo, após mais de dez anos de construção e organização articulada entre as comunidades indígenas chiapanecas.

Esse longo processo, iniciado em 1983 entre os distintos agrupamentos e agentes políticos que investiram na criação do EZLN, produziu uma organização política militarizada primordialmente indígena.[2] De suas demandas, contextualmente organizadas em torno da questão fundiária, originaram-se os impulsos para o levante armado realizado em 1994, no mesmo dia em que entrava em vigor o Tratado de Livre Comércio da América do Norte, assinado pelo presidente mexicano Salinas de Gortari com o governo dos Estados Unidos.

[1] "Primera declaración de la Selva Lacandona". *Enlace Zapatista*, 1º jan. 1994. Disponível em: https://enlacezapatista.ezln.org.mx/1994/01/01/primera-declaracion-de-la-selva-lacandona/

[2] Uma retrospectiva desta primeira etapa de construção do EZLN pode ser consultada em BASCHET, Jérôme. *A experiência zapatista*: rebeldia, resistência, autonomia. Trad. Domingos Nunez. São Paulo: n-1 edições, 2021.

Trinta anos depois, os desdobramentos desse levante são múltiplos, e colecionam sentidos simbólicos e materiais. As situações de confronto, diálogo e negociação com as instâncias governamentais mexicanas oscilaram nos momentos imediatamente posteriores ao levante, ao mesmo tempo que os zapatistas propunham que se repensasse o problema do poder e se formulasse uma nova cultura política. Nesse processo, a criação de canais de diálogo com a sociedade civil mexicana e internacional colaborou para o fortalecimento e a defesa da experiência autônoma levada a cabo pelos zapatistas em seus territórios em Chiapas. Até 1997, contornos mais nítidos dessa autonomia política se expressaram na criação dos Municípios Autônomos Rebeldes Zapatistas (Marez) e na criação de instituições como escolas e clínicas de saúde zapatistas; em 2003, por sua vez, as escalas geográficas da estrutura política zapatista passaram a se delinear com maior clareza em três níveis: comunitários, municipais e regionais, nos quais as decisões provinham de assembleias orientadas pelo princípio zapatista do "mandar obedecendo". Os caracóis, que aludem, em sua nomenclatura, ao movimento lento e vagaroso, mas que não deixam de avançar, definiram-se enquanto espaços de encontro político e cultural localizados em cada uma das zonas zapatistas.[3]

Em fins de 2023, uma série de transformações dos aspectos organizacionais e simbólicos do zapatismo incluíram a extinção dos Marez, o fechamento dos caracóis à população externa por tempo indeterminado (o que já ocorrera em outras ocasiões, convém mencionar) e a morte simbólica da

[3] Um detalhamento mais amplo da estrutura de organização política e territorial zapatista pode ser consultado em ALKMIN, Fábio M. *Por uma geografia da autonomia*: a experiência de autonomia territorial zapatista em Chiapas, México. São Paulo: Humanitas/Fapesp, 2017.

figura porta-voz do EZLN, o Subcomandante Insurgente Galeano (ex-Subcomandante Marcos), que ressurgiria, dessa vez, como Capitán Insurgente Marcos. O zapatismo demonstrava, às vésperas do aniversário de trinta anos do levante de 1994, que segue vivo, em movimento e que, aparentemente, também vislumbra na efeméride uma ocasião fecunda para proposições políticas. Os componentes dessa reformulação estrutural foram progressivamente apresentados em uma série de comunicados, emitidos através do portal *Enlace Zapatista* e rapidamente difundidos através das redes.

No quinto comunicado, intitulado *Ahí va el golpe, joven*, Marcos apresenta uma série de irônicos comentários supostamente proclamados pelas profundas análises e investigações de "zapatólogos", que estariam sentenciando a morte do zapatismo. Entre os vários sintomas de uma presumida descaracterização, menciona-se:

> Nada mais falta para que as indígenas jovens usem calças, ou até mesmo, que horror!, joguem futebol e dirijam carros, ao invés de servir nas senhoras colheitas. Inclusive, que se atrevam a dançar cumbias e ska ao invés do bolonchon,[4] e cantar rap e hip-hop ao invés de salmos e odes aos agricultores.[5]

Nas páginas que se seguem, iremos nos aproximar de algumas das múltiplas experiências que enredam o futebol ao cotidiano zapatista. Aquilo que se reafirma no quinto comunicado encontra escopo no conjunto destas experiências e relatos: ao longo dos trinta anos transcorridos desde

[4] Música dos povos maias, vinculada à tradicional dança do tigre.

[5] "Quinta parte: 'ahi va el golpe, joven'". *Enlace Zapatista*, 8 nov. 2023. Disponível em: https://enlacezapatista.ezln.org.mx/2023/11/08/quinta-parte-ahi-va-el-golpe-joven/. (Tradução do organizador.)

o levante de 1994, a autonomia zapatista se alimentou permanentemente de interações com os componentes culturais mais vivos que circulam entre as populações indígenas que habitam seus territórios. Jogar e pensar o futebol se apresenta como um desses elementos – assim como dançar cumbia ou cantar rap, como veremos. De tal maneira, nossa intenção neste livro é costurar a várias mãos a possibilidade de pensar e experimentar – conforme a imaginação dos textos zapatistas nos convoca – outros mundos possíveis a partir do jogo.

A estrutura do presente volume, composto maciçamente pela seleção de textos assinados pelo ex-Subcomandante Marcos (e ex-Galeano), se estrutura em quatro blocos de sucessão cronológica, mas que também definem seus contornos ao redor de personagens, eventos ou temáticas mais ou menos específicas. No primeiro bloco, quatro textos publicados entre 1996 e 1998 apresentam as primeiras referências ao futebol mobilizadas por esta escrita. O bloco se inicia com uma correspondência dirigida ao escritor uruguaio Eduardo Galeano, notabilizado por sua sensibilidade dirigida às lutas sociais na América Latina, bem como por seu profundo interesse por futebol (do qual deriva o clássico *Futebol ao sol e à sombra*,[6] além de outros textos compilados em volumes póstumos).[7] Nessa carta, o Subcomandante Marcos nos apresenta o personagem Olivio, que, sempre acompanhado

[6] GALEANO, Eduardo. *Futebol ao sol e à sombra*. Trad. Eric Nepomuceno e Maria do Carmo Brito. Porto Alegre: L&PM Editores, 2004.

[7] Eduardo Galeano faleceu em 2015. Posteriormente, alguns de seus textos futebolísticos foram compilados e publicados em um volume póstumo, traduzido e publicado no Brasil com o título de "Fechado por motivo de futebol". Ver: GALEANO, Eduardo. *Fechado por motivo de futebol*. Trad. Eric Nepomuceno, Sergio Faraco, Ernani Ssó e Marlova Aseff. Porto Alegre: L&PM Editores, 2018.

de sua bola, reaparece em outros escritos como protagonista ou coadjuvante. Temas como as condições do debate político mexicano no contexto, as posições do EZLN frente a essa conjuntura, a interlocução zapatista com a sociedade civil e a Copa do Mundo de 1998 são explorados na construção dos demais textos do bloco, já caracterizados ness primeiro momento pela peculiar costura entre denúncias políticas, narrativas anedóticas e linguagem formal e coloquial, em uma combinação que caracterizaria ao longo de três décadas a prosa singular de Marcos-Galeano-Marcos.

No segundo bloco, nos debruçamos especificamente sobre uma partida ocorrida em 15 de março de 1999, no Estádio Jesús "Palillo" Martínez (Cidade do México), entre uma equipe de ex-futebolistas mexicanos e uma delegação do EZLN. A realização da partida, organizada pelo ex-jogador Javier "Vasco" Aguirre, vinculava-se a uma série de atividades organizadas junto à Consulta pelo Reconhecimento dos Direitos dos Povos Indígenas e Pelo Fim da Guerra de Extermínio. Essa campanha integrava um conjunto de iniciativas zapatistas para pressionar o cumprimento dos Acordos de San Andres, firmados em 1996 com o governo mexicano em torno das demandas indígenas por autonomia.[8] O episódio se tornou o primeiro acontecimento futebolístico zapatista de maior alcance midiático, especialmente porque os zapatistas disputaram a partida com os rostos cobertos por seus tradicionais *pasamontañas*, utilizando chuteiras emprestadas. Embora os dois textos do bloco se debrucem especialmente sobre o processo de organização da Consulta, também referenciam a partida em comentários preliminares e póstumos à sua realização: sobre o resultado final (5 a 3 para

[8] ALKMIN, *op. cit.*, p. 146-150.

a equipe capitaneada por Aguirre), o bem humorado Subcomandante Marcos comenta que "não perdemos, nos faltou tempo para vencer".

O episódio que estrutura o terceiro bloco, por sua vez, corresponde ao mais conhecido vínculo estabelecido entre o EZLN e a esfera futebolística: em 2005, uma troca de correspondências entre o Subcomandante Marcos e o presidente do clube italiano A.C. Internazionale Milano, Massimo Moratti, balizou a criação de um laço insólito entre uma experiência autônoma, indígena e contra-hegemônica e um clube de destaque do futebol profissional europeu. Os componentes dessa aproximação incluíram convites zapatistas para a realização de amistosos, posicionamentos favoráveis proclamados por atletas interistas – como o capitão argentino Javier Zanetti – e visitas oficiais de delegações do clube aos territórios zapatistas em Chiapas. Embora nenhuma partida tenha efetivamente ocorrido, os dois textos reunidos nesse bloco expressam a imaginação política zapatista diante de sua possibilidade. Na primeira carta, destaca-se a bem-humorada referência de Marcos ao fato de que todas as bolas em território zapatista estariam furadas, razão pela qual os interistas deveriam levar bolas adequadas para a realização do eventual amistoso. Ainda que isso nunca tenha acontecido, a delegação que visitou Chiapas em 2005 efetivamente levou bolas novas, entre outros equipamentos esportivos que foram doados às comunidades.

O quarto bloco da compilação, intitulado "Outros calendários, outras geografias, outros futebóis", alimenta-se da terminologia a respeito da multiplicidade de concepções e experiências do tempo e do espaço, que a imaginação zapatista sublinha.[9] Nessa seção, nos debruçamos sobre uma variedade de experiências futebolísticas, que após um longo hiato voltam a obter relevância na construção das publicações e comunicados. O primeiro texto selecionado, de 2013, esmiúça um conjunto de críticas tecidas no ambiente virtual à experiência zapatista, e se constrói repleto de referências a esse universo e sua linguagem: vai e volta, de forma descentrada e veloz, reproduzindo supostos tuítes e mensagens difundidas virtualmente. O elemento futebolístico, que no primeiro texto aparece através de referências a Lionel Messi, Cristiano Ronaldo e variadas torcidas de clubes mexicanos, ganha protagonismo nos escritos seguintes, em que se relatam imaginativas situações em torno do jogo nas *escuelitas* zapatistas,[10] nos territórios dos caracóis, em datas como o 8 de Março e, por fim, na realização da Travessia pela Vida, viagem empreendida por militantes do EZLN ao continente europeu em 2021.

Entre os textos compilados nesse último bloco, convém situar, ocorrem alguns acontecimentos de destaque, como a "morte" do Subcomandante Marcos e seu ressurgimento como Subcomandante Insurgente Galeano, em 2014. Por essa razão, dentre os textos compilados, aqueles publicados a partir de 2015 aparecem assinados com esse nome. Na composição

[9] Ver: SUBCOMANDANTE INSURGENTE MARCOS. *Nem o centro nem a periferia*: sobre cores, calendários e geografias. Trad. Danilo Ornelas Ribeiro e Coletivo Protopia S. A. Porto Alegre: Deriva, 2008.

[10] Em agosto de 2013 ocorreu a chamada *Escuelita Zapatista* em diversos caracóis, constituindo uma experiência de formação política fundamentada no contato direto com o cotidiano das comunidades autônomas em Chiapas. Parte dos "alunos/as" eram integrantes advindos de outras experiências e movimentos políticos, mas também participaram pessoas sem vínculo com quaisquer coletivos, além de intelectuais que acompanhavam a experiência zapatista.

das narrativas, por sua vez, novos personagens ganham protagonismo, como a menina Defensa Zapatista, cujo nome e atividades se relacionam fundamentalmente com a prática do futebol nos campinhos dos territórios zapatistas.

Simultaneamente também se destaca, no conteúdo dos textos, uma expressão mais evidenciada do protagonismo de mulheres na construção da experiência autônoma zapatista, deflagrando eventos como o Encontro Internacional, Político, Artístico, Esportivo e Cultural de Mulheres que Lutam, ocorrido em 2018 no caracol da zona Tzotz Choj.[11] Quem nos lê certamente notará que, particularmente nos últimos textos da seção, questões de gênero expressam evidência nas narrativas, que frequentemente tematizam o contraponto entre as mulheres zapatistas e a própria figura do Subcomandante Galeano, autorreferida na escrita com as ironias que lhe são características.

O exercício de tradução dos textos incluídos nos quatro blocos, realizado por Letícia Gil, foi permeado de escolhas que se produziam diante das peculiaridades da linguagem escrita zapatista, em seus variados momentos. Diante do desafio de transpô-la para outro idioma, por vezes optamos por manter alguns termos no original (em espanhol e em outras línguas) e traduzir outros por palavras que consideramos equivalentes no português brasileiro. As justificativas dessas escolhas são explicitadas em algumas notas de rodapé, que também indicam inquietações, referências e, por vezes,

[11] Ver: As mulheres zapatistas. Palavras das mulheres zapatistas no encerramento do primeiro encontro internacional, político, artístico, esportivo e cultural de mulheres que lutam no caracol zapatista da Zona Tzotz Choj. In: LACERDA, Mariana; PELBART, Peter Pál (Orgs.). *Uma baleia na montanha*. Trad. Ana Patto [et. al.]. São Paulo: n-1 edições, 2021, p. 141.

algumas leituras provisórias que essa escrita nos propôs durante o processo de tradução e revisão.

Após os quatro blocos que constituem o *corpus* zapatista da compilação, encerramos com dois apêndices redigidos especialmente no contexto de organização deste volume. O primeiro deles é uma contribuição do pensador e ativista uruguaio Raúl Zibechi, notabilizado por sua proximidade e envolvimento com experiências de autonomia e daquilo que chama de um "mundo outro" em movimento (conceito formulado justamente a partir das proposições zapatistas).[12] Seu texto nos apresenta o futebol das comunidades populares de Buenos Aires, pensado a partir da imagem do *potrero* – o campinho das regiões platinas – em diálogo com as formas de organização nessas comunidades e nos territórios zapatistas. Os debates deflagrados a partir da experiência futebolística em tais espaços – a respeito das questões de gênero, por exemplo – também encontram ressonância nos relatos zapatistas de nossa compilação.

O texto final, por sua vez, constitui uma escrita coletiva realizada por integrantes de equipes do circuito de futebol autônomo e libertário da cidade de São Paulo. Adriana Shiraishi, Danilo Heitor, Jaqueline Almeida e Soraia Costa assinam como "futebolistas abaixo e à esquerda", e nos apresentam uma retrospectiva da formação desse ambiente, a partir da fundação da equipe Autônomos F. C. no ano de 2006, na cidade de São Paulo. A reverberação das experiências zapatistas e as interlocuções com as atividades políticas de outros grupos – *punks*, anarquistas e outras dissidências – proliferaram

[12] Ver: ZIBECHI, Raúl. *Movimentos sociais na América Latina*: o "mundo outro" em movimento. Trad. Timo Bartholl, Eduardo Tomazine, Luiz Rafael Gomes. Rio de Janeiro: Consequência Editora, 2020.

possibilidades múltiplas, metaforizadas na escrita do texto a partir da imagem de um polvo com vários tentáculos.

A composição da capa do volume, por fim, se dá sobre um recorte da pintura *Outro campo pra jogar*, da artista Marina da Silva, cujo trabalho plástico se debruça sobre as relações entre imagem e território, e frequentemente tematiza futebóis. Escolhemos esta pintura pois, evidentemente, remete ao tema do livro, mas também especificamente a um evento em particular: o jogo realizado na abertura do já mencionado Encontro Internacional, Político, Artístico, Esportivo e Cultural de Mulheres que Lutam, no dia 8 de março de 2018.

A partida em questão, disputada por mulheres zapatistas, se deu entre as equipes Arcoiris Rebelde, representando o caracol La realidad, e Jóvenas Rebeldes, composta por integrantes do caracol Oventic. Com os rostos cobertos por *pasamontañas*, as jogadoras não ostentavam nomes às costas das vestimentas (quando muito, alguns codinomes de guerra), e uma regra peculiar, definida antes do início da partida, determinava que as autoras dos gols escrevessem frases relacionadas ao Encontro em uma lousa à beira do campo, durante suas comemorações. O resultado final de 6 a 0 para a equipe Arcoiris Rebelde foi celebrado coletivamente, e as frases inscritas na lousa expressavam uma variedade de temas vinculados ao evento: "Bem-vindas as companheiras de diferentes cidades", "Este gol foi para vocês", "Sempre as levaremos no coração", "Esse gol é para a locutora Marichuy" (que narrava a partida ao vivo), "Que morra o capitalismo e que vivam as mulheres" e "Viva as mulheres do mundo".[13]

[13] Ver: FINK, Nadia. Zapatistas: la pelota en los pies y la revolución en el pecho. *Marcha*, 18 mar. 2018. Disponível em: https://marcha.org.ar/zapatistas-la-pelota-en-los-pies-y-la-revolucion-en-el-pecho/

A realização dessa partida, assim como os demais episódios relatados no conjunto dos textos, reverbera as possibilidades de exercício da imaginação política na reinvenção material e simbólica do jogo. Atentando à potência desses experimentos nos territórios zapatistas e outras geografias, procuramos aproximá-los através das interlocuções entre a apropriação inventiva do futebol e a construção de experiências de autonomia, em diálogo com os textos apêndices e a variedade de mãos e cabeças que conjuramos no encontro produzido pela organização deste volume.

De tal forma, a compilação de textos aqui reunida se propõe, primordialmente, a intensificar possibilidades de enredamento entre os domínios do esporte e da política. Tecidos no contrapelo de diretrizes hegemônicas estabelecidas em cada uma dessas esferas, os relatos, comunicados e histórias de zapatistas que jogaram e pensaram o futebol ao longo dos últimos trinta anos estimulam esse cruzamento. Simultaneamente, nos alimentam na construção de outros mundos desde as quatro linhas e para além delas – sempre abaixo e à esquerda, onde está o coração.

Micael Zaramella
São Paulo, janeiro de 2024.

I. OLIVIO E SUA BOLA (1996-1998)

Para a reunião "Uruguai por Chiapas"

Subcomandante Insurgente Marcos, 8 de julho de 1996

EXÉRCITO ZAPATISTA
DE LIBERTAÇÃO NACIONAL
México, 8 de julho de 1996.

Para: A reunião "Uruguai por Chiapas".
Montevidéu, Uruguai.
Na extensa e dolorosa América Latina.

De: Subcomandante Insurgente Marcos.
Montanhas do Sudeste Mexicano.
Na extensa e dolorosa América Latina.

A/C: Eduardo Galeano.

Irmãos e irmãs do Uruguai e, principalmente, de "Uruguai por Chiapas":

Irmão Galeano:

Espero que todos os que se encontram aí reunidos permitam que eu me dirija a eles através de você. Como é evidente, lhe tratei por "você", e não por "o senhor"[14] sem nenhuma cerimônia. Não porque tenha intimidade (só a perspectiva, pelo que ouvi dizer, de que no Uruguai "ter intimidade" implica misturar palavra e mate, me apavora), mas porque alguém me disse que no Uruguai as pessoas boas são informais e não ficam de etiquetas e bajulações. Não sei se as pessoas boas são, necessariamente, informais. Mas sei que são bons todos aqueles que hoje se reúnem na pátria do meu general Artigas para construir a ponte necessária e possível para alcançar a dignidade rebelde do povo indígena mexicano. Sendo assim, desculpe o "você" e me mande de volta um manual de boas maneiras uruguaias para eu ir me adaptando à minha futura nacionalidade. Atenção: você pode fazer isso sem mandar o mate.

Bom, pelo que li em algum canal de notícias, tem por aí músicos, poetas, atores, apresentadores de TV, padres defensores dos direitos humanos e jogadores de futebol. A agência de notícias não fala nada de tomar mate. Isso me alivia um pouco e por isso me atrevo a escrever para você e, através de você, escrever para todos que estão aí. Que eu saiba, não é possível (ainda) obrigar ninguém a tomar mate por correio. No mais, a agência de notícias não dá nenhuma pista. Na verdade, para mim todos os uruguaios são músicos, poetas, atores,

[14] Nota da tradutora: no original: "*he pasado al tuteo*". Em espanhol há duas formas de se referir a "você": o "*tú*", que implica uma informalidade e intimidade na relação com o interlocutor ou interlocutora, e o "*usted*", que implica uma relação formal, hierárquica e/ou de respeito. "*Tutear*" ou "*pasar al tuteo*", então, significa tratar o interlocutor ou interlocutora por "*tú*" e não por "*usted*". No Brasil, ambos os pronomes podem ser traduzidos por "você" e, nos casos em que essa marca de formalidade é muito importante, traduzimos "*usted*" por "senhor/senhora". Nesta seleção, este é o único texto em que essa diferença pede para ser marcada. Nos demais, "*tú*" e "*usted*" são traduzidos como "você".

apresentadores, defensores dos direitos humanos e jogadores de futebol ao mesmo tempo. Então talvez esteja só você aí. Talvez seja verdade que para fazer uma reunião, um comício ou um ato de massa, você só precise de uma pessoa e de um mate bem quente. Mas não acho que você esteja sozinho. Tenho certeza de que não são poucos os uruguaios que abriram a cabeça e o coração à palavra dos indígenas zapatistas. De qualquer forma, é nítido que existam pessoas o suficiente para que a gente possa, daqui, sentir o caminhar de vocês até nós.

Gostaria de contar tudo o que todos nós sentimos quando soubemos que teria esse encontro, que coloca do mesmo lado dois céus e dois solos igualmente dignos e sofredores. Não posso contar tudo. Benedetti já nos explicou antes que "a gente nem sempre faz o que quer, nem sempre pode fazer o que quer. Mas a gente tem o direito de não fazer o que não quer". E o que não quero é me limitar a uma "saudação fraterna e revolucionária" e os *et cetera* que tanto alongam as distâncias e o desinteresse. Então tenho o direito de não fazer isso. Mas, se puder falar um pouco de...

O Olivio é um menino tojolabal.[15] Ele tem menos de 5 anos e ainda está dentro do limite de mortalidade que aniquila milhares de crianças indígenas nestas terras. A probabilidade do Olivio morrer de doenças curáveis antes dos 5 anos é a mais alta neste país que se chama México. Mas Olivio está vivo ainda. O Olivio se gaba de ser amigo do "Zup"[16] e de jogar futebol com o Major Moisés.[17] Bom, isso de jogar futebol é arrogante.

[15] Nota do organizador: Povo de origem maia que habita o estado mexicano de Chiapas.

[16] N.d.O.: "Zup", assim como "El Sup", é um modo informal pelo qual é chamado o Subcomandante Insurgente Marcos, liderança militar do EZLN.

[17] N.d.O.: Moisés é um dos integrantes de longa data do EZLN. Designado como major à época do levante de 1994, posteriormente passaria

Na verdade, o Major só chuta a bola longe o suficiente para se livrar de um Olivio que considera, como qualquer menino faria, que o trabalho mais importante dos oficiais zapatistas é brincar com as crianças. Eu observo de longe. Olivio chuta a bola com uma decisão que dá arrepios, principalmente se você imagina que aquele chute podia ter seu tornozelo como destino. Mas não, o destino do chute de Olivio é uma pequena bola de plástico. Bom, isso também é forma de dizer. Na verdade, metade do chute e da força ficam na lama da realidade chiapaneca e só uma parte projeta a bola num rumo errático e próximo. O Major dá um chutão, e a bola passa do meu lado e vai muito longe. Olivio corre decididamente atrás da esférica (leia isto, e o que se segue, na voz de um comentarista de futebol de televisão ou rádio). Esquiva agilmente de um tronco caído e uma raiz já não tão oculta, gambeteia e dribla dois chuchitos ("cachorrinhos" para os chiapanecos) que já fugiam aterrorizados do avanço implacável, decidido e relampejante de Olivio. A defesa ficou para trás (bom, na verdade a "Yeniperr" e o Jorge estão sentados brincando na lama, mas o que quero dizer é que não há inimigo à frente) e o arco contrário está desarmado contra um Olivio que aperta os poucos dentes que tem e encarreta a bola como uma locomotiva desorientada. O respeitável público, na arquibancada, suspende na tarde um silêncio expectante (a verdade é que só eu estou atento ao desfecho, o Major já foi, e é difícil falar de silêncio com tanto grilo cantando a tardinha em que se faz mate no Uruguai e pozol açucarado nas montanhas do Sudeste Mexicano). O Olivio chega, finalmente!, na frente da bola e, quando toda a galáxia

---

a responder pela alcunha de Subcomandante Moisés. A partir de 2013, tem também a posição de porta-voz do movimento zapatista. O texto "A grande final", no quarto bloco deste livro, é assinado por ele, junto ao Subcomandante Insurgente Galeano.

espera um chutaço que rasgue as redes (bom, a verdade é que, por trás do suposto gol inimigo, só existe um *acahual*[18] com galhos, espinhos e cipós, que servem de rede), e começa a subir, dos rins à garganta, o grito de "gooool!", quando tudo está pronto para que o mundo demonstre que merece a si mesmo, bem aí é que o Olivio decide que está saciado de correr atrás da bola e que aquele pássaro preto que voa por aí não pode fazer isso impunemente e, de repente, Olivio muda de direção e de profissão e vai atrás de seu estilingue para matar, diz ele, o pássaro preto e levar alguma coisa para a cozinha e para barriga. Foi um pouco, como posso lhe dizer? Um pouco anticlimático ("muito zapatista", diria meu irmão), muito incompleto demais, muito inacabado demais, como se um beijo tivesse ficado pendurado nos lábios e ninguém tivesse feito o favor de apanhá-lo.

Sou um torcedor discreto, sério e analítico, desses que revisam os percentuais e os históricos de times, jogadores e conseguem explicar perfeitamente a lógica de um empate, de um triunfo ou de uma derrota, não importa. Um desses torcedores que depois explicam para si mesmos que não é necessário ficar triste com a derrota do time preferido, que era de se esperar, que no próximo haverá uma guinada, que outros *et cetera* que enganem o coração com a tarefa inútil da cabeça. Mas nesse momento perdi as estribeiras e, como torcedor que vê traídos os valores supremos do gênero humano (quer dizer, os que têm a ver com futebol), pulei da arquibancada (na verdade eu estava sentado num banquinho de toco) e fui, furioso, reclamar com Olivio pela falta de pudor, de profissionalismo, de espírito esportivo, pela ignorância da lei sagrada que manda que o futebolista se entregue à paixão por inteiro. O Olivio me

[18] N.d.T.: Nome popular da espécie de planta *Simsia amplexicaulis* no México.

vê chegando e sorri. Eu me detenho, paro em seco, fico congelado, petrificado, imóvel. Mas não pense, Eduardo, que é por ternura que eu me detenho. Não é o sorriso terno do Olivio que paralisa. É a atiradora que tem nas mãos…

Pois é, Eduardo. Já sei que é muito evidente que estou tentando fazer um símil da terna fúria que hoje nos faz soldados, para que, amanhã, os uniformes militares sirvam só para os bailes à fantasia e para que, se for preciso usar uniforme, seja o que se usa para jogar, por exemplo, futebol.

Saúdo essa inquietação criadora que une vocês e os faz se voltarem para nós. Saúdo a todos que aí se juntam e nos falam e escutam. Espero, esperamos, que tudo corra bem para vocês e que, em breve, possamos saudá-los aqui, no Encontro Intercontinental pela Humanidade e contra o Neoliberalismo.

É isso. Saúde e uma bola que, como os sonhos, chegue bem alto.

Das montanhas do sudeste mexicano.
Subcomandante Insurgente Marcos.
México, julho de 1996.

P.S.: Boa sorte com a digestão do mate. Avisem se chegaram esta carta e os anexos. Ah! E não se esqueçam de me dizer onde está o *El Peñarol* na classificação,[19] time cuja fama chegou ao México da minha infância como todas as notícias deveriam chegar, ou seja, com uma bola de futebol.

[19] N.d.O.: Cabe mencionar que Eduardo Galeano era torcedor do Nacional, maior rival do Peñarol. A referência inserida pelo Subcomandante Marcos, assim como outros comentários tecidos na construção do texto, parece constituir uma bem humorada provocação.

Os povos zapatistas se declaram fartos da falta de resultados concretos no diálogo

Subcomandante Insurgente Marcos, 31 de agosto de 1996.

Para a imprensa nacional e internacional:

Damas e cavalheiros:

Tem alguém por aí ainda?, aqui vai um comunicado que reitera a nossa tolice. Nós? Estamos bem... Ainda. Enquanto alguns meios de comunicação nos atacam por um suposto "longo histórico de vetos", o Poder pretende nos colocar no papel dos "bons" (EZLN) contra os "maus" (EPR)[20] e nos confrontar com a ajuda de uma imprensa, o Exército federal reforça suas posições e aumenta o número de suas tropas na zona, as críticas pelas falhas no Encontro Intergaláctico são volumosas e, *of course*, intercontinentais, o governo supremo usa suas moedas para que "líderes" de organizações sociais indígenas e camponesas negociem a dignidade de movimentos outrora independentes, os povos zapatistas se declaram fartos da falta de resultados concretos no diálogo, nossos "aliados" já se esqueceram do que foi dito no fórum especial e, satisfeitos com a foto, estão agora muito ocupados em se definir para o ano de 1997. O discurso "duro" do governo amedronta e causa paralisia na sociedade, a impressora se descompôs. Durito[21] não está, e, como se não bastasse, Olivio ficou bravo comigo porque sua bola de futebol furou.

Enfim, tudo indica que triunfaremos. Ou alguém duvida?

[20] N.d.O.: Sigla para "Exército Popular Revolucionário", organização guerrilheira mexicana que realizou sua primeira aparição pública no ano de 1996.

[21] N.d.O.: Durito é um personagem que aparece em diversos textos do Subcomandante Marcos, e que corresponde a uma espécie de escaravelho politizado.

Das montanhas de Numancia.
Subcomandante Insurgente Marcos.
México, agosto de 1996.

P.S. que confessa seus desvios: Quando Roque Dalton[22] escrevia que era possível chegar "à revolução pela poesia", a direção do ERP salvadorenho planejava o assassinato do poeta guerrilheiro por "desvios" e considerá-lo "agente inimigo". Hoje, a antiga e "revolucionária" direção do ERP faz alianças com a criminosa direita salvadorenha, e do túmulo, Dalton continua amaldiçoando o Poder e caminhando rumo à revolução através da poesia. Alguma semelhança? Além disso, acho que por sermos só uns poetas já demos problemas suficientes ao Poder, né?

P.S. marinho:[23] tantos caminhos existem e nenhum que me leve a Roma. Não é uma pena?

P.S. que pede desculpas: sim, eu sei que são muitas as laudas que estamos mandando. Mas temos a amarga sensação de que, se não dissermos isso agora, então já não diremos nunca.

[22] N.d.O.: Poeta e ativista salvadorenho, que na década de 1970 integrou o Exército Revolucionário do Povo (ERP), organização armada de esquerda. Em 1975, foi executado por decisão do comando da organização guerrilheira, sob a acusação de "insubordinação".

[23] No original "P.D. Marina". É possível que haja um duplo sentido: uma possível referência à ativista Marina Patricia Gimenez, que à época atuava em Chiapas em proximidade às atividades dos indígenas zapatistas, através do Centro de Derechos Humanos Fray Bartolomé de las Casas (Frayba), do qual era diretora. Entretanto, esta é apenas uma hipótese: não há qualquer referência mais direta no texto que a fundamente além de sua própria temática, referente à interlocução com organizações da sociedade civil.

México 1998. Acima e abaixo: máscaras e silêncios (trecho)[24]

Subcomandante Insurgente Marcos, 17 de julho de 1998.

México, meados de 1998.

Deitado sobre meu ombro, suspira o mar ao ver os complicados planos desta nova construção concebida em longas e silenciosas madrugadas, pensada de atrás das máscaras que somos. De repente, um vento repentino chega açoitando as árvores que são nossas janelas e sacode as grandes telas de papel cheias de desenhos, de escalonadas escalas, de logaritmos incompreensíveis, de letras ilegíveis que mais lembram obscuras fórmulas alquímicas do que cálculos científicos.

Metade do ano de 1998 no México, e um vento chega quebrando silêncios e arrancando máscaras.

Depois de uma longa e pesada seca, as chuvas começam a aparecer no horizonte deste país, que seus governantes se empenham em levar à catástrofe. Protegido por um rabo de nuvem, da varanda privilegiada e dourada que o mar me oferece para estes casos, úmido e atônito, vejo passar a metade do ano de 1998 e os últimos estertores de um século que se recusa a retirar-se sem escândalos e atropelos.

[24] N.d.O.: O trecho selecionado integra um texto muito mais longo, publicado pelo Subcomandante Insurgente Marcos em 17 de julho de 1998, cujo foco projeta-se sobre a estrutura do Estado mexicano e os conflitos políticos vivenciados no contexto. Optamos pela seleção específica da primeira parte do texto por sua pertinência em relação ao objetivo central deste livro, isto é, a investigação das relações entre as perspectivas políticas zapatistas e o futebol. O texto integral pode ser acessado e lido em sua versão original (em espanhol) no portal *Enlace Zapatista*: https://enlacezapatista.ezln.org.mx/1998/07/17/mexico-1998-arriba-y-abajo-mascaras-y-silencios/.

Longe daqui, a Copa do Mundo[25] concentra e convoca sentimentos. O sortilégio que começa a operar toda vez que a bola rola foi bem entendido por dois sul-americanos, um para descrevê-lo e outro para exercê-lo. Eduardo Galeano, o coletor dessas chuvas cotidianas que alguns de nós chamam de "a história de baixo", e Diego Armando Maradona, aquele que usava a bola para cantar e demonstrar que a magia não tem necessariamente a ver com alambiques e fórmulas esotéricas.

Mas daqui de cima não vejo nem Dom Galeano, nem Dom Maradona. Também não vejo o Olivio exercendo a sua vocação de quebra-redes[26] ("e de cabeças", diz o mar ao tentar esconder, inutilmente, a atiradora que Olivio abandonou na sua fuga, depois de acabar com Marcelo). Vejo, isso sim, milhões de mexicanos no papel em que sempre quiseram ver os poderosos, o de espectadores.

Com a história nacional interrompida cada vez que a seleção mexicana de futebol enfrentava outra, os governantes deste país obtiveram o respiro que a realidade negava a eles implacavelmente. Milhões de olhos em terras gaulesas permitiram ao Poder um breve descanso. Pouco durou esse gosto, a derrota chegou, e o impasse que o papel de espectadores permitia encontrou seu fim.

Deste lado do mundo, a tragicomédia da vida política nacional também se tornou um espetáculo, e a mascarada desordenada que se apresenta diariamente nos corredores do poder no México não recebeu nenhum aplauso. Faz tempo que a maioria dos mexicanos deixou de assistir, como espectadores, aos escândalos com que a classe de governantes se

[25] N.d.O.: Referência à Copa do Mundo da Fifa de 1998, realizada entre os meses de junho e julho na França.

[26] N.d.O.: No original, *rompe redes*: uma expressão inventada que, no contexto, indica a vocação de artilheiro de Olivio.

prepara para dar fim ao século... e ao país. Milhões de cidadãos são agora vítimas de supercrimes e megafraudes.

Se para a poderosa mídia eletrônica, os atos sem-vergonha da classe política mexicana são uma mercadoria cujo sucesso de exibição é medido em pontos de audiência, para a imensa maioria dos que mal vivem e morrem entre o rio Bravo e o Suchiate, não são mais que a continuação de um crime de Estado que abrange quase todo o século.

Empenhados em alertar cidadãos sobre o crescimento da delinquência e da violência, alguns meios de comunicação (ligados ao governo) ocultam o fundamental: os delinquentes mais sanguinários e brutais ostentam cargos governamentais (ou têm fortes laços com eles). E a violência encontra no governo federal seu principal executor, seu maior promotor e seu apologista por excelência.

No espetáculo da "grande" política mexicana, a confusão de máscaras e parlamentos impede de saber com certeza quem é o juiz e quem é o criminoso, quem é o fraudulento e quem é o fraudado.

É cada vez mais claro que o México do final do século XX tem no sistema partidário de Estado a sua cara mais criminosa. Neste México, a crescente criminalidade de Estado (aquela que é exercida a partir do poder político) só é igualada pela impunidade que dá o dinheiro, a influência e a proximidade (ou pertencimento declarado ou vergonhoso) ao seleto círculo em torno daquele que alguns ainda chamam de (não sem constrangimento, é verdade) "o sr. presidente".

Metade do mandato de seis anos de Ernesto Zedillo Ponce de León[27] tem marcas indeléveis, mas o mais sangrento é

[27] N.d.O.: Presidente do México entre dezembro de 1994 e novembro de 2000, sucedendo a Carlos Salinas de Gortari. Assim como seu antecessor (que governava o país na ocasião do levante zapatista de 1994), Ernesto

o crime quotidiano de um modelo econômico imposto com os argumentos inapeláveis das baionetas, da prisão e dos cemitérios. De quando em quando, esse crime de Estado alcança vislumbres lúgubres. Aguas Blancas em Guerrero em junho de 1995.[28] Acteal em Chiapas em dezembro de 1997. El Charco em Guerrero em junho de 199829 e Unión Progreso e Chavajeval em Chiapas em junho de 1998.[30]

Esta cara, a mais irracional que o Estado mexicano teve em toda a sua história, esconde sua horripilante imagem atrás de uma máscara. E o som do sangue que cobra dia após dia, se cala depois de um silêncio.

Parece evidente que as máscaras ocultam e os silêncios calam.

Mas é verdade que as máscaras também mostram e que os silêncios falam.

Zedillo era filiado ao Partido Revolucionário Institucional (PRI). Seu governo foi o último de uma longa sequência que manteve o partido por sete décadas consecutivas no poder.

[28] N.d.O.: Em 15 de junho de 1995, um grupo de camponeses vinculados à Organização Camponesa Sierra del Sur dirigiam-se a Atoyac de Alvárez, com o objetivo de participar de uma manifestação. No caminho, foram detidos por policiais, que em seguida dispararam contra o grupo, assassinando dezessete pessoas e deixando outras 23 em estado grave. O episódio ficou conhecido como o "massacre de Aguas Blancas", em referência à localidade onde ocorreu.

[29] N.d.O.: Na madrugada de 7 de junho de 1998, elementos do Exército Mexicano cercaram e atacaram violentamente uma escola localizada na comunidade El Charco, onde diversos indígenas mixtecas estavam reunidos em assembleia. Durante a violenta operação armada, onze pessoas foram mortas.

30 N.d.O.: Em 10 de junho de 1998, ocorreu uma operação policial militar em território zapatista, com o objetivo de desmantelar o Município Autônomo San Juan de la Libertad. Nas comunidades de Unión Progreso e Chavajeval, os soldados abriram fogo e causaram a morte de oito indígenas.

Ocultar e calar, mostrar e falar máscaras e silêncio. Esses são os signos que ajudarão a compreender este final de século no México.

Sim, este é um país de máscaras e silêncios. Digo isso ao mar, e ele me responde, por detrás da sua balaclava, com um silencioso gesto de paradoxo mais que eloquente, enquanto enrola e guarda os grandes planos.

Mas eu digo a ele, e digo a mim mesmo, que existem máscaras para máscaras e silêncios para silêncios.

Para a sociedade civil

Subcomandante Insurgente Marcos, 30 de agosto de 1998

Exército Zapatista de Libertação Nacional.

Para: A Sociedade Civil Nacional e Internacional.
De: Sub. Marcos.

Senhora,

Não sei se você se lembra de nós. Nos conhecemos em janeiro de 1994. Desde então, você e nós tentamos nos encontrar, nos falar e nos ouvir. Não tem sido fácil, é verdade. Muitas vezes, em vez de encontros, tivemos desencontros. Mas você se lembra daquele 12 de janeiro,[31] quando ficou brava e impôs esse cessar-fogo do qual o governo agora se orgulha como "um sinal de sua maturidade política"? E quando teve os diálogos de Catedral, em San Cristóbal?[32] Sim, na época dos cinturões de paz. Ah! E as caravanas. Depois o delírio daquele 8 de agosto na CND de Guadalupe Tepeyac,[33] hoje ocupada

[31] N.d.O.: Nessa data, sob pressão da opinião pública, o então presidente mexicano Carlos Salinas de Gortari ordenou um cessar-fogo do Exército, que vinha conduzindo operações militares em Chiapas em resposta ao levante zapatista ocorrido no dia 1º de janeiro. Na ocasião, a imprensa o acusava de bombardeamento contra a população civil e outros excessos militares.

[32] N.d.O.: Os "Diálogos da Catedral", ocorridos na Catedral de San Cristóbal de Las Casas, foram as primeiras reuniões propostas pelo governo mexicano para negociar a paz em Chiapas, após as ofensivas militares contra o EZLN em janeiro de 1994.

[33] N.d.O.: Referência à Convenção Nacional Democrática, celebrada em 8 de agosto de 1994 em Guadalupe Tepeyac. Na ocasião, o Comandante Tacho inaugurou, em nome do Comando Geral do EZLN, o primeiro *Aguascalientes*, espaços pensados para abrigar encontros entre os zapatistas e a sociedade civil. Em 2003, os *Aguascalientes* seriam substituídos pelos "caracóis".

pelos militares. E então, apesar dos "erros de dezembro" e da campanha da imprensa, você voltou a sacudir tudo em fevereiro de 1995[34] e fez o governo sentar para dialogar. Lembra da consulta? E nossa resposta à consulta?[35] Depois, quando a convidamos para sentar em San Andrés na mesa 1, o Fórum Nacional Indígena e os arco-íris colorindo o chão. E mais agora, o Encontro Continental Americano, na mesa 2, o Fórum Especial[36] e, há pouco tempo, o Encontro Intergaláctico.[37] Já se lembrou? Sim, somos os zapatistas. Tem alguma coisa, senhora, que lhe dissemos e que não cumprimos?

Temos que agradecer um pouco o aparecimento do EPR e a escalada ascendente das suas ações propagandísticas e mi-

[34] N.d.O.: Após uma série de operações realizadas contra o EZLN em fevereiro de 1995, ordenadas pelo recém-empossado presidente Ernesto Zedillo, a pressão da opinião pública contra a escalada da repressão forçou o governo a retomar o diálogo com os zapatistas. Em abril foram realizadas as Mesas de San Miguel, os primeiros encontros nos quais se estabeleceram as bases protocolares para as negociações entre os zapatistas e o governo. Essas bases foram o ponto de partida para uma série de reuniões, às quais o EZLN também convocou a participação de diversos grupos da sociedade mexicana. Esses encontros ficaram conhecidos com os Diálogos de San Andrés. (Nota do organizador)

[35] Referência à Consulta Nacional e Internacional pela Paz e Democracia, convocada pelo EZLN em junho e realizada em agosto de 1995. As perguntas da Consulta versavam os rumos políticos da organização zapatista e do México, e atingiram mais de 1 milhão de pessoas, que participaram inclusive pela internet (ferramenta já mobilizada pelos zapatistas à época). Realizada paralelamente às plataformas oficiais de diálogo com o governo, estabelecidas em San Andrés, a Consulta inaugurou novas formas de participação na construção dos rumos políticos assumidos pelo EZLN nessas reuniões.

[36] N.d.O.: Referências a eventos que integraram os Diálogos de San Andrés.

[37] N.d.O.: Referência ao Primeiro Encontro Intercontinental pela Humanidade e contra o Neoliberalismo, que também passaria a ser referenciado pelos zapatistas como "Primeiro Intergaláctico". Cerca de 4 mil pessoas vindas de diversas localidades do globo participaram do encontro, realizado no *Aguascalientes 2*, em Oventic.

litares. Já ficou claro que o que faz os zapatistas diferentes de outras organizações políticas não são as armas e as balaclavas. O que nos faz diferentes é nossa proposta política. As organizações políticas, sejam partidos de direita, centro, esquerda ou populares e revolucionárias, buscam o poder. Uns pela via eleitoral, outros pela mentira e a fraude, outros por via das armas. Cada um deles se declaram nossos líderes e nos convidam a segui-los e apoiá-los para que retenham o poder, para assumi-lo ou tomá-lo. Cada um deles promete que resolverão nosso futuro ou nossa satisfação.

Nós não. Não queremos que outros, mais ou menos de direita, mais ou menos de centro ou mais ou menos de esquerda, decidam por nós. Queremos participar diretamente nas decisões que nos dizem respeito, controlar nossos governantes, independentemente da sua filiação política, e forçá-los a "mandar obedecendo". Nós não lutamos para tomar o poder; lutamos por democracia, liberdade e justiça. Nossa proposta política é a mais radical do México (e talvez do mundo, mas é cedo para dizer). É tão radical que todo o espectro político tradicional (direita, centro, esquerda e outros dos dois extremos) nos critica e se distancia do nosso "delírio".

Não são as armas que nos dão radicalidade, é a nova prática política que propomos e na qual estamos empenhados com milhares de homens e mulheres no México e no mundo: a construção de uma prática política que não busque a tomada do poder, mas a organização da sociedade. Intelectuais e líderes políticos, de todos os tamanhos, da extrema direita, da direita, do centro, da esquerda e da extrema esquerda, nacional e internacional, têm nos criticado por este disparate. Somos tão radicais que nem sequer nos acomodamos nos parâmetros da "ciência política" moderna. Não estamos nos vangloriando, senhora; só apontamos um fato. Existe algo mais radical do que pretender mudar o mundo? A senhora sabe disso porque compartilha esse sonho conosco e porque, verdade seja reiterada, estamos sonhando juntos.

Agora, querem nos colocar num beco sem saída digna. Querem que aceitemos humilhações de racistas que se disfarçam de delegados do governo. Querem que aceitemos esmolas e continuemos no papel de mendigos. Querem que façamos do diálogo e da paz uma pantomima. Querem que aceitemos o papel de "bons" contra os "maus". Querem que nos vendamos. Querem que nos rendamos. E quem são? Senhora, são os mesmos que querem lhe enganar todos os dias e que agora lhe prometem o terror e a ordem para dar tranquilidade aos seus mercados financeiros.

Estamos certos em nos sentirmos sozinhos agora, senhora? Todas essas forças, políticas e sociais, as personalidades e os líderes que aceitaram o nosso convite para construirmos juntos e em paz um novo país, agora caminham sem nós e para outros lados. Deixamos de ser úteis? Já não servimos? Que seja. De qualquer forma, temos a satisfação de ter aberto novos espaços de discussão e pensamento no México e no mundo. Não é pouco o que foi conseguido nacional e internacionalmente até agora, e foi possível graças à senhora. Se agora nosso tempo já acabou, que assim seja.

Mas continue, não acredite nesses que lhe oferecem conformismo e medo. E não se esqueça, acima de tudo, não se esqueça, senhora.

Sabe o que mais? Só agora me lembro que devo à senhora três definições (ou seriam quatro?). A cavalaria andante[38]

[38] N.d.O.: Cargo oficial e militar do antigo sistema feudal espanhol, vinculado à coleta de tributos, aqui utilizado em relação ao presente.

ordena que as dívidas sejam pagas, especialmente quando a linha de crédito é baixa. Então aqui vai:

Federais: O governo tem soldados. O povo indígena tem soldados. Têm a pele morena os soldados do governo. Morenos são os soldados indígenas rebeldes. Parecem os mesmos, os soldados do governo e os indígenas em armas. Mas os soldados do governo disparam para baixo, onde estão os nossos. Os indígenas rebeldes disparam para cima. Não para matar governos, dizem. Para que a história acorde, eles gritam.

Fodidos: Os mais poderosos dos poderosos praticam uma democracia curiosa, a democracia do desprezo. Para eles não existem indígenas ou mestiços, brancos ou pardos. Para os poderosos, os outros só têm um nome: fodidos.

A pessoa:[39] A pessoa nem sempre é uma pessoa. A pessoa é, às vezes, três pessoas: a pessoa que foi, a pessoa que é, a pessoa que pode ser. A pessoa é, outras vezes, o que os outros querem que a pessoa seja. Hoje, a pessoa não é ninguém. No amanhã com que sonhamos, a pessoa será a pessoa.

Pois, pago está.

Desculpe, gentil senhora, se a carta saiu com alguma dessas breguices que tanto exasperam meus críticos literários (dos quais há bons) e os revolucionários sérios. É que, a senhora sabe, a bola de futebol do Olivio furou e ele enfiou na cabeça que queria repor com essa lua que, lá em cima, roda sem ninguém que faça nela sequer uma carícia. Então subi na Paineira com a ajuda da fumaça do cachimbo e, já lá em cima, e vendo como faria para alcançá-la, me ocorreu que,

[39] N.d.T.: No original "*uno*", que literalmente significa 'um'". Em espanhol é usado como um sujeito genérico para relatar ou se referir a algo, o que em português não funciona. A tradução acaba perdendo um aspecto de duplo sentido que tem no espanhol.

talvez, outra pessoa, naquele exato momento e em outro lugar, estivesse olhando também essa lua cheia e então entendi que a lua, assim como o amanhã, não é de ninguém e é de todos. Aí comuniquei isso ao Olvido,[40] gritando lá de cima e fazendo sinais para ele. Foi inútil, porque, enquanto eu subia a Paineira, Olivio aproveitou para roubar uns doces que eu tinha e fugiu com a mesma habilidade de Carlos Salinas de Gortari.[41] Eu não falo pra senhora? Sempre achei que esse menino tem tudo para ser presidente da República ou, pelo menos, irmão de presidente.

Onde eu estava? Ah sim! O Olivio foi embora e fiquei aqui em cima, fumando e esperando, sonhando que fosse outra nuvem que estivesse ali, mais para cima, deitada comigo para aliviar meu desejo e meu sufoco.

Bom, senhora, não vou incomodá-la mais. Só queria dizer o que já disse antes e lembrar que aqui estamos, que somos os mesmos e que, repito, atrás de nós estamos vocês.

É isso. Saúde e, você sabe, para dançar e amar você só precisa de um parceiro e de uma melodia. O resto, acredite, é decoração dispensável. A propósito, me concede essa dança?

Do topo de alguma paineira nas montanhas do Sudeste Mexicano.

O Sup recusando-se a reconhecer que não sabe como descer.

[40] N.d.T.: *Olvido*, em espanhol, é a palavra usada para "esquecimento". Em português a palavra "olvido" também existe e com o mesmo significado, mas seu uso é menos comum. Optamos por manter o termo original, uma vez que na construção do texto ele se apresenta como uma espécie de equívoco ortográfico proposital, brincando com sua semelhança com o nome Olívio.

[41] N.d.O.: Ex-presidente do México, que governava o país na ocasião do levante zapatista de 1º de janeiro de 1994.

II. A CONSULTA NACIONAL SOBRE POVOS INDÍGENAS E A PARTIDA ORGANIZADA POR JAVIER "VASCO" AGUIRRE (1999)

Sobre a organização da Consulta pelo Reconhecimento dos Direitos dos Povos Indígenas e pelo fim da Guerra de Extermínio

Subcomandante Insurgente Marcos, 11 de fevereiro de 1999.

Exército Zapatista de Libertação Nacional.
México, 11 de fevereiro de 1999.

À Sociedade Civil Nacional e Internacional.
De: Sup. Marcos.

Senhora,

Já foram nomeados os 5 mil delegados zapatistas que irão a todos os municípios do país! (bem, na verdade foram nomeados 6 mil porque dizem os compas que é preciso ter uma reserva para o caso de um ficar doente). Enquanto nos preparamos para a partida, aproveito para lhe contar um pouco sobre como está a organização da consulta nacional pelo reconhecimento dos direitos dos povos indígenas e pelo fim da guerra de extermínio.

Não sei se devo começar contando sobre as mensagens que deixam na secretária eletrônica, para que você saiba que, por exemplo, o Chac falou com a gente para nos dar sugestões e cumprimentos (nessa ordem); que boa parte das ligações vêm de Chihuahua; que uma professora do ensino secundário chamada Alma nos diz que está cheia das mentiras do governo, que apoia a consulta e que espera que tudo mude para algo melhor se nos organizarmos (Saúde e saudações, dona Alma, nós também *queretaros un restorán*);[42] que um programa de rádio de Chihuahua (acho que se chama *Ao vivo e direto*) falou para fazermos perguntas para que seus ouvintes pudessem saber, "ao vivo e direto", do que se trata essa história da consulta (infelizmente não sei onde enviar a gravação com nossas palavras); que o *Diario de Chihuahua* também ligou para que enviássemos uma mensagem aos seus leitores (com sorte publicam esta carta, que também é para eles); que a família Segura, de Ciudad Juárez ("sim senhor!"), nos diz que lamenta a situação atual do país e pede a Deus que nos ilumine; que outros também falam com a gente para nos lembrar do Dia das Mães (o que não deixa de ser antecipado porque ainda falta para o dia 10 de maio); que os outros só falam para ouvir a mensagem da secretária eletrônica ou para dizer "Olá!" ou "Boa sorte!"

Mas talvez seja melhor não lhe contar essas coisas. São muitos os telefonemas e muitos os desejos e ânimos que representam.

Melhor falar das brigadas de promoção e divulgação da Consulta Nacional que foram credenciadas. Há, por exemplo,

[42] N.d.O.: não encontramos qualquer referência sobre o significado desta expressão. "Querétaro" é um dos 31 estados mexicanos, e *restorán* é um termo que corresponde a "restaurante". Combinados na frase utilizada, não indicam qualquer sentido mais evidente. É provável que o uso, aqui, corresponda a algo específico dito pela própria dona Alma em sua mensagem enviada ao EZLN. Entretanto, isso é apenas uma suposição. Por essa razão, optamos por manter a expressão no original.

a brigada "Moisés", que faz seu trabalho em Poza Rica, Veracruz, e promove a consulta nas colônias Chapultepec, Obras Sociales, Fraccionamiento San Román e Tepeyac. A responsável por esta brigada é uma senhora que está muito doente de corpo, mas de espírito é mais sã que todo mundo, e ela, sem esperar aplauso nenhum, está empenhada em lutar pela justiça, claro, junto com os seis que formam sua brigada. Não dou o nome dela, mas ela e nós sabemos quem é. Tem, também, a brigada "Tierra y Libertad", que trabalha em Tijuana, B. C., e que solicita o vídeo "Sup-Speedy e a Consulta". Ou a brigada "Hermanos", de Ensenada, B. C., que faz sua promoção nas línguas triqui e nahuatl.

Em Parral, Chihuahua, a brigada "Teporaka" difunde a consulta em rarámuri e nos dizem KITA SHIWE (que em rarámuri significa "NÃO SEJA CAGÃO").[43] Em Chiapas, a brigada "Chawok" (que significa "trovão") trabalha nas línguas mam, chuj e jaltieco. E outras brigadas falam em tzeltal, tzotzil, tojolobal, chol, cakchiquel, zoque e castela. Em Colima existe uma brigada chamada "La Parota Apapachadora"[44] que também trabalha para promover a consulta. Na Cidade do México tem muitas brigadas de jovens (uma se chama "Tlacuaches en Rebellion", então, se liga!). Também na Cidade do México, o Multiforo Alicia é brigada e fórum e múltiplo. No Estado do México, a brigada "Tloque-Nahuaque" promove em Otomi. Em Guanajuato, com o grito de "¡Yepa-yepa!" a "Rubén Jaramillo" divulga a consulta em Salamanca. O mesmo grito é ouvido em Guadalajara, mas com

[43] N.d.T.: No original "*no te rajes*" (literalmente, "não se rache"), expressão que tem o sentido de 'não se acovarde".

[44] N.d.T.: "*Parota*", No México, é o nome popular da espécie *Enterolobium cyclocarpum*, árvore comumente conhecida como guanacaste. "*Apapachadora*", por sua vez, tem o sentido de "que faz carinho e afago".

a brigada “AOKMO”. Em Michoacán a “Utopia” faz o seu trabalho em purépecha. Em Puebla, as brigadas “Chaneques” e “Adelita” pedem ânimo para a torcida (e vai: *a la bio, a la bao, a la etcétera*!).[45] Em Quintana Roo, a brigada “Sacbé” atua em maya. Em Sinaloa, a brigada “Los Indecisos” espera se decidir trabalhando na consulta. Em San Luis Potosí, mais precisamente em Tamazunchale, jogam basquete e promovem a consulta em teke e nahuatl. Em Tampico, Tamaulipas, a brigada não se chama “Sebastián Guillén”, mas sim “Tamaulipas por la Paz”. Em Veracruz, a brigada “Hombres Necios” faz jus ao seu nome quando se trata de lutar com dignidade. Em Jeréz de García, Zacatecas, tem uma brigada chamada, claro, “López Velarde”.

E tem mais: na Cidade do México, por exemplo, um grupo de jogadores de futebol ex-profissionais (já aposentados do “jogo de homens”) marcou uma partida de futebol entre eles e os delegados zapatistas que compõem as delegações do D. F. Eles perguntam se aceitamos o desafio e como deve ser o nosso uniforme. Claro que aceitamos e pedimos que nosso uniforme seja: camiseta preta com uma estrela vermelha de cinco pontas e a sigla “EZLN” (na frente), o número da mesma cor vermelha, shorts (melhor se for no estilo do “Chololo” Díaz)[46] branco (por conta dos contrastes) e meias pretas. Não se preocupe com as chuteiras: usaremos *huaraches*[47] da marca

[45] N.d.T.: ¡A la bio a la bao a la bim bom ba!” é uma expressão que no México é empregada para celebrar e exaltar momentos, pessoas, etc. que tenham importância reconhecida.

[46] N.d.O.: Isidoro Díaz, mais conhecido por seu apelido “Chololo Díaz”, é um ex-futebolista mexicano, que atuou pela Seleção Mexicana nas Copas do Mundo de 1962, 1966 e 1970.

[47] N.d.T.: “Huarache” é uma palavra que vem de “*kwarachi*”, na língua purépecha, que se traduz diretamente como “sandália”. É um calçado tradicional do México.

"Yepa-Yepa, o único huarache globalizado" (de jeito nenhum, já temos contrato de exclusividade). Pretendo ficar de lateral-esquerda (digo, é preciso ser consequente, certo?), e na defesa instalaremos um zapatista retranqueiro. Nossa estratégia será a resistência digna. Mandaram dizer que o grupo de ex-jogadores de futebol vai garantir o estádio e a bola. Perfeito, nomeamos o árbitro (digo, temos que garantir o baixo risco).

E assim poderia lhe falar de muitos e muitas homens, mulheres, crianças e anciãos que, neste momento, estão trabalhando[48] para que a consulta corra bem no México e o seu sucesso seja um passo no caminho da paz que todos merecemos e necessitamos.

Mas, em vez de ficar dando dados dispersos, vou fazer um resumo do que é mais significativo desta etapa de promoção e divulgação da Consulta no México. Até 11 de fevereiro de 1999, havia mais de seiscentas brigadas registradas em trinta dos 32 estados da federação (só faltam brigadas em Nayarit e Campeche, mas não vai demorar muito). Os estados com mais brigadas são Distrito Federal, Chiapas, Puebla, Estado do México, San Luis Potosí, Veracruz, Oaxaca, Sinaloa, Chihuahua, Morelos, Nuevo León e Zacatecas.

Muitas das pessoas que participam nas brigadas em toda a república são sem partido ou organização política. O que estão esperando as organizações sociais e políticas para entrar? Ora! Esta consulta é de todos.

E assim vamos. Já tem muitos municípios com brigadas, mas faltam muitos outros. Então, vá em frente! Forme sua brigada e se credencie! Ou o quê?

Além disso, a fase de Organização Territorial da Consulta já começou. E aí? Vamos entrar!

[48] N.d.T.: No original, "chambear", jeito informal de dizer "trabalhar".

Em relação à Consulta Internacional, vou lhe contar sobre nossos brigadistas no Estado Espanhol, Itália, País Basco, Argentina, Uruguai, Japão, Coreia do Sul, África do Sul, França, Noruega, Suíça, Nicarágua, Israel, Grécia, Inglaterra, Austrália, Suécia, Canadá, Venezuela, Brasil, Porto Rico, Chile e Estados Unidos da América.

Bom, senhora, é mais ou menos isso que eu queria lhe contar. Não esqueça que a Consulta será no domingo, 21 de março de 1999 e que os delegados zapatistas irão ao seu município para falar e escutar, é para isso que serve a consulta. É isso, tudo certo.

É isso. Saúde e KITA SHIWE!

Das montanhas do Sudeste Mexicano.
Subcomandante Insurgente Marcos
México, fevereiro de 1999.

Sobre a coordenação da consulta

Subcomandante Insurgente Marcos, 17 de abril 1999

Exército Zapatista de Libertação Nacional

México, 17 de março de 1999
À sociedade civil do México;

Aos coordenadores estaduais da consulta;

Irmãos e irmãs:

Saudamos vocês e esperamos que tudo corra bem nas viagens dos delegados e delegadas zapatistas. Segundo as informações que recebemos, nossos companheiros e companheiras estão felizes e muito animados pelo empenho, sacrifício e pela dedicação que veem nas pessoas que trabalham nas coordenadorias e na organização dos atos públicos. Obrigado por tudo isso. Aqui envio algumas notas rápidas sobre vários assuntos.

1. Queremos avisar que tem um grupo de delegados do EZLN na Cidade do México que estão dispostos a aceitar convites para eventos não planejados pelos coordenadores da delegação e a atender a imprensa nacional e internacional. Para isso, pedimos que procurem dona Rosario Ibarra de Piedra.
2. No dia 19 de março haverá um evento com os delegados zapatistas na Cidade Universitária. Queremos convidar todas as organizações estudantis, docentes e de trabalhadores universitários a participarem nesta mobilização, especialmente as organizações estudantis que lutam contra as taxas na Unam. Pensamos neste ato como algo em que

podem participar todos os universitários, ou seja, todos aqueles que trabalham ou estudam em instituições de ensino superior. Por isso, convidamos também politécnicos, normalistas, ibéricos, uameiros,[49] enepeiros,[50] pedagogueiros, e todos de universidades e institutos de ensino superior privados.

Neste 19 de março, todos na esplanada da reitoria na Cidade Universitária!

3. Atenção: Muito *importantíssimo*! A Fundação Arturo Rosenblueth nos avisa o seguinte: o prazo para inscrição de mesas e links telefônicos é sexta-feira, 19 de março, às 18h.

Façam logo o cadastro das mesas nas suas coordenadorias estaduais, delegacionais e regionais. Elas devem enviar os cadastros para o centro de computação estadual. Aqui estão os dados dos centros credenciados pela Fundação Arturo Rosenblueth:

Aguascalientes, Gabriela Serena (49) 14 52 52. Guanajuato, Servando Calderón (42) 23 13 79 ou 13 67 94. Baja California, Raúl Ramírez (66) 34 18 91. Guerrero, Javier Mojica (74) 85 04 59 e 85 66 05. Baja California Sur, Fernando Gracia (112) 2 92 96. Hidalgo, Silvia Mendoza (771) 7 20 00 ramal. 6612; em 21 de março em (772) 3 22 44. Campeche. Jalisco, Sofía Palau Cardona (3) 817 03 68 e 825 59 20. Coahuila, Nelly Herrera (84) 14 03 45 e 14 17 30. Estado do México, Lic. Everardo Flores 5523-5200 e 5536-4782. Colima, Leticia de la Mora de Castañeda (331) 3 11 08 e 4 61 64, fax 3 11 06. Michoacán, Víctor Vargas (43) 15 96 25. Chiapas, Antonio Ramírez (967) 8 17 38. Morelos, Arturo Meza (73) 14 07 78 e 18 07 20. Chihuahua, Juan Aquino Vélez (14) 17 47 56, fax 17 47 26. Nayarit, Erandi

[49] N.d.T.: Da Universidad Autónoma Metropolitana – UAM.

[50] N.d.T.: Da Escuela Normal De Educación Preescolar – Enep.

Avalos Muñoz (32) 16 60 35 e 12 84 14. Distrito Federal, Luz Rosales 5211 -3583 e 5211-6919, fax 5286-6164. Nuevo León, Nelly Herrera (84) 03 14 45 e 14 17 30. Durango. Oaxaca, Dr. Martínez (28) 17 29 57, fax 17 28 55. Querétaro, Servando Calderón (42) 23 13 79 ou 13 67 94. Yucatán, Paty McCarthey (99) 44 99 80 e 81. Quintana Roo, Ricardo Lule (98) 84 40 14 e 84 99 11. Zacatecas, Ernesto Menchaca Arredondo (492) 2 25 85. San Luis Potosí, Luis Nava (48) 12 46 84 e 12 93 52. Sinaloa, professora Aída Osuna (67) 52 03 13. Sonora, Rafael Lucero (64) 14 63 92. Tabasco, Francisco Goitia (93) 14 07 80, fax 12 83 62. Tamaulipas, Claudia Luengas (12) 12 06 79.

Isso é tudo, agora é com vocês.

É isso. Saúde, e a única taxa que deve subir é a da dignidade.

Das montanhas do sudeste mexicano
Subcomandante Insurgente Marcos
México, março de 1999.

P.S.: Queimado pela derrota: a todos os que gostam e amam o futebol! Em relação ao placar final, podemos dizer que não reflete o que realmente aconteceu em campo, pois na grama os zapatodos mostraram um jogo vivaz e lúdico que levou ao delírio crianças e adultos. Enfim, não perdemos, nos faltou tempo para vencer (Napoleão *dixit*). Além disso, é evidente que os nossos rapazes foram afetados pela altitude, pelo clima, pela poluição atmosférica, pelo terreno, pela crise asiática, pelo Popocatépetl, pelo *affaire* Clinton-Lewinski e por esses uniformes em que cabíamos dois em cada um. Ah! E não se esqueçam que os zapatudos estavam um pouco cansados porque só chegaram à Cidade do México depois de driblar 70 mil federais.

III. O INTERCÂMBIO FUTEBOLÍSTICO COM A INTER DE MILÃO (2005)

Carta à Inter de Milão

Subcomandante Insurgente Marcos, março de 2005

Exército Zapatista de Libertação Nacional,
México, março de 2005.

Para: Os homens e mulheres do F. C. Internazionale de Milano.
Milão, Itália.

De: Subcomandante Insurgente Marcos.
EZLN. Chiapas, México.

Irmãos e irmãs:

Mando saudações em nome das crianças, anciãos, homens e mulheres do Exército Zapatista de Libertação Nacional, e em meu próprio. Aproveitamos que segundo nos avisaram, neste mês de março, um executivo desse clube de futebol vem nos visitar para que faça chegar esta carta até vocês. Faz tempo que queríamos escrever para agradecer o apoio que deram às comunidades indígenas do nosso país, que é o México, e, especialmente, aos indígenas zapatistas. Foi uma honra para nós que homens e mulheres como vocês tenham voltado os olhos, aberto os ouvidos e estendido a mão para nós.

Além de saudar e agradecer, escrevo para desafiá-los formalmente a uma partida de futebol entre o time de vocês e a seleção do EZLN, em local, data e hora que ficarão pendentes para definir. Dado o carinho que sentimos por vocês, estamos dispostos a não dar uma surra de goleada e apenas derrotá-los por um placar não muito volumoso, para que sua nobre torcida não os abandone. Além do mais, antes do jogo obsequiaremos porções generosas de pozol azedo. Seja em terras italianas ou mexicanas, a partida seria realizada de acordo com as leis e regulamentos internacionais vigentes. É necessário esclarecer que as bolas para o jogo deverão ser fornecidas por vocês, porque as nossas já estão todas furadas. Espero que aceitem este desafio futebolístico e que não se precipitem em vender os direitos de transmissão televisiva e radiofônica do evento, porque a exclusividade já está concedida ao Sistema Zapatista de Televisão Intergaláctica ("A única televisão que se lê").

Enquanto aguardamos sua resposta, continuaremos praticando cobranças de pênaltis (caso, para deleite da torcida, tenhamos que ir para a prorrogação) e nossas peculiares comemorações para quando marcarmos gol.

Recebam todos e todas nosso carinho, admiração, gratidão e um abraço.

Das montanhas do sudeste mexicano.
Subcomandante Insurgente Marcos.
México, março de 2005.

Carta a Massimo Moratti

Subcomandante Insurgente Marcos, 1º de junho de 2005

Milão, Itália.

De: Subcomandante Insurgente Marcos.

EZLN. Chiapas, México.

Dom Massimo,

Chegou para nós a carta em que nos comunica que o seu time de futebol, o F. C. Internazionale, aceitou o desafio fraterno que fizemos. Agradecemos o tom gentil de sua resposta e a disposição honesta. Através da mídia tomamos conhecimento das declarações de executivos, comissão técnica e jogadores do Inter. Todos são mais um exemplo da nobreza de seus corações. Saiba que nos alegramos por ter encontrado vocês em nosso já longo caminho e que é uma honra para nós fazer parte da ponte que une duas terras dignas: Itália e México.

Comunico a você que, além de porta-voz do EZLN, fui nomeado por unanimidade diretor técnico e responsável pelas Relações Intergalácticas da seleção de futebol zapatista (bom, na verdade, ninguém mais quis aceitar o cargo). Nessa qualidade, talvez eu devesse aproveitar esta carta para avançar na especificação de detalhes sobre a partida.

Por exemplo, talvez eu sugerisse que, em vez de o encontro futebolístico se limitar a um jogo, deveriam ser dois. Um no México e outro na Itália. Ou seja, um de ida e outro de volta. E em ambos seria disputado o troféu conhecido mundialmente como El Pozol de Barro.[51]

E talvez eu propusesse que o jogo no México fosse, com vocês de visitantes, no Estádio Olímpico México 68, em Ciudad Universitaria, na Cidade do México, e que o dinheiro arrecadado com a bilheteria fosse para os povos indígenas deslocados pelos paramilitares nos Altos de Chiapas. Embora, claro, eu teria que enviar uma carta à comunidade universitária da Unam (ou seja, estudantes, professores, pesquisadores, trabalhadores manuais e administrativos) para pedir que nos emprestem o estádio, mas não sem antes prometer solenemente que não pediríamos que guardassem silêncio... Para, então, impor a palavra de Dom Porfírio.[52]

E talvez nós concordássemos que, como já estariam no México, faríamos outro jogo em Guadalajara, Jalisco, e que a bilheteria seria para apoiar juridicamente jovens altermundistas presos injustamente nas prisões desta província mexicana e os presos políticos que existem em todo o país. O transporte não seria um problema, porque ouvi dizer que alguém aqui no México, generoso como antes, já ofereceu seu apoio.

E talvez, se você concordar, para os jogos no México, o EZLN se dirigiria, quando fosse o momento, a Diego Armando

[51] N.d.O.: "*Pozol*" é o nome de uma bebida de origem maia, muito popular nos estados do sul mexicano. Preparada desde tempos pré-coloniais, tem receitas diversas: a mais popular é feita à base de milho e cacau. Tradicionalmente preparada e servida em recipientes de barro, o nome atribuído pelos zapatistas ao troféu (Pozol de Barro) faz referência a esta bebida.

[52] N.d.O.: O trecho faz referência ao regime autoritário de Porfírio Díaz, que governou o México por três décadas, até sua deposição pela Revolução Mexicana em 1911. A Universidad Nacional Autónoma de México (Unam) foi fundada durante o regime (no ano de 1910) por iniciativa do então ministro da Educação. Tanto os currículos quanto a esfera política da universidade eram diretamente submetidos ao controle do regime.

Maradona, para pedir que fosse o árbitro central; a Javier El Vasco Aguirre e Jorge Valdano, para que servissem como árbitros auxiliares (ou bandeirinhas), e a Sócrates, meio-campista que foi do Brasil, para ser o quarto árbitro; e talvez convidássemos esses dois intergalácticos que viajam com passaporte uruguaio, Eduardo Galeano e Mario Benedetti, para narrar o jogo para o Sistema Intergaláctico de Televisão Zapatista ("a única televisão que se lê"). Na Itália os comentaristas poderiam ser Gianni Miná e Pedro Luis Sullo.

E, talvez, para se afastar da objetificação da mulher, que é promovida nos jogos de futebol com as líderes de torcida e nos comerciais, o EZLN pediria à comunidade lésbica-gay nacional, especialmente travestis e transexuais, que se organizasse e deleitasse o respeitável público com novas piruetas nos jogos no México e, além de provocar a censura da televisão, o escândalo da extrema direita e a confusão nas fileiras do Inter, elevasse a moral e o ânimo da nossa equipe. É que não existem apenas dois sexos e não existe apenas um mundo, e é sempre recomendável que aqueles que são perseguidos pela sua diferença partilhem alegrias e apoios sem deixar de ser diferentes.

E, já na sequência, faríamos outro jogo em Los Angeles, na Califórnia, Estados Unidos, cujo governador (que substitui a falta de neurônios por esteróides) executa uma política criminosa contra os migrantes latinos. O valor da bilheteria dessa partida seria destinado à assessoria legal de imigrantes indocumentados nos Estados Unidos da América e à prisão dos malfeitores do Minuteman Project. Além disso, o *dream team* zapatistas carregaria uma grande manta onde se leria "Liberdade para Mumia Abu Jamal e Leonard Peltier".

É provável que o Bush não permita que os nossos modelos de balaclavas primavera-verão causem sensação em Hollywood, então o encontro poderia ser transferido para o digno solo cubano, em frente à base militar que, ilegal e ilegitimamente, o governo dos EUA mantém em Guantánamo. Neste caso, cada delegação (a do Inter e do Ezeta) se comprometeria a levar pelo menos um quilo de alimento ou medicamentos para cada um dos seus membros, como símbolo de protesto contra o bloqueio sofrido pelo povo de Cuba.

E talvez eu propusesse que os jogos de volta fossem na Itália, com vocês de locais (e nós também, porque se sabe que os torcedores italianos são em sua maioria pró-zapatistas). Um poderia ser em Milão, no estádio de vocês, e outro onde vocês decidirem (pode ser em Roma, por aquilo que dizem que "todos os jogos levam a Roma", ou seria "todos os caminhos levam a Roma"? Enfim, é a mesma coisa). Uma das bilheterias seria para apoiar migrantes de diversas nacionalidades que são criminalizados pelos governos da União Europeia e a outra para o que vocês decidirem. Mas, para isso sim, precisaríamos de pelo menos um dia para ir a Gênova pintar caracolinhos na estátua de Cristóvão Colombo (nota: a provável multa por danos a monumentos terá de ser coberta pela Inter), e para levar uma flor de lembrança ao local onde caiu o jovem altermundista Carlo Giuliani (nota: a flor é por nossa conta).

E, se já estamos na Europa, poderíamos jogar uma partida em Euskal Herria, no País Basco. Se não deu certo o "Uma oportunidade à palavra", tentaríamos então "Uma oportunidade ao chute". Nos manifestaríamos na frente da casa matriz dos racistas do BBVA-Bancomer, que tentam criminalizar a ajuda humanitária às comunidades indígenas (talvez para desviar a atenção do processo judicial que carregam por "evasão fiscal, contas secretas, fundos de pensão ilegais, lavagem de dinheiro, contribuições secretas para campanhas políticas, subornos para comprar bancos na América Latina e apropriação indevida de ativos" (Carlos Fernández-Vega, "México SA", La Jornada, 25/V/05).

Mmm... Parece que já seriam sete jogos (o que não é ruim, pois assim disputaríamos audiência com a Eurocopa, a Libertadores e as eliminatórias para a Copa do Mundo). Levaria o Pozol de Barro então quem ganhasse quatro das sete partidas (nota: se o time zapatista perder mais de três jogos, o torneio será anulado).

Jogos demais? Bem, Dom Massimo, você tem razão. Talvez seja melhor deixar em dois jogos (um no México e outro na Itália), porque não queremos manchar muito o histórico da Inter com as derrotas que certamente concederemos.

Talvez, para equilibrar um pouco a evidente desvantagem de vocês, eu passasse informações secretas. Por exemplo, que a seleção zapatista é mista (ou seja, tem homens e mulheres); que jogamos com as chamadas botas "mineiras" (ou seja, têm ponta de aço, por isso as bolas furam); que, segundo nossos usos e costumes, o jogo só termina quando nenhum dos jogadores de uma das equipes sobra em pé (ou seja, são de alta resistência); que o EZLN poderia ser reforçado a seu critério (ou seja, que os mexicanos Bofo Bautista[53] e Maribel Marigol Domínguez[54] poderiam aparecer na escalação se aceitassem),

[53] N.d.O.: Adolfo "Bofo" Bautista é um ex-futebolista mexicano que à época obteve bastante destaque esportivo no país. Atuava como atacante do Chivas Guadalajara e integrou a seleção mexicana durante a Copa América de 2004 .

[54] N.d.O.: Maribel "Marigol" Domínguez é considerada a melhor futebolista mexicana de todos os tempos, colecionando recordes de maior goleadora e maior número de participações em jogos da seleção feminina do México. No ano de 2004 chegou a firmar um acordo para atuar pelo

e que desenhamos um uniforme camaleônico (se começamos a perder, aparecem listras pretas e azuis na nossa camisa, confundindo o adversário, o árbitro e o público). E que também, temos praticado, com relativo sucesso, duas novas jogadas: a *marquiña avanti fortiori* (nota: traduzido em termos gastronômicos seria algo como "um bolo de pizza e guacamole") e a *marquiña caracoliña* com variante inversa (nota: o equivalente ao espaguete com feijão de panela, mas passados da validade).

Com tudo isto (e algumas outras surpresas) talvez revolucionássemos o bola-ao-pé mundial e, então, talvez, o futebol deixasse de ser só um negócio e fosse, mais uma vez, um jogo divertido. Um jogo feito, como você bem diz, de sentimentos verdadeiros.

Talvez! No entanto, a presente carta tenha apenas o intuito de reiterar a você e sua família, a todos os homens e mulheres da Inter e aos torcedores nerazzurro,[55] o carinho, o agradecimento e a admiração que temos por vocês (embora eu advirta que, diante do gol, não haverá piedade nem misericórdia). Sobre todo o resto, bem, talvez, mas...

É isso. Saúde, e que logo se encontrem, nos dois solos, as verde-branco-vermelho que abrigam as nossas dignidades.

Das montanhas do sudeste mexicano.
Subcomandante Insurgente Marcos
Subcomandante Insurgente Marcos (DTZ).[56]

Atlético Celaya, na segunda divisão da liga profissional mexicana de futebol masculino, mas sua contratação foi vetada pela Fifa. Um ano antes, a entidade já havia impedido também a contratação de uma jogadora alemã pelo clube italiano A.C. Perugia. No ano seguinte, "Marigol" seria contratada pela equipe feminina do F.C. Barcelona .

[55] N.d.O.: Termo utilizado pela imprensa italiana para se referir aos torcedores da Inter de Milão.

[56] N.d.O.: o México, o treinador de uma equipe de futebol é chamado de "*director técnico*", ou simplesmente "DT". Nesse sentido, o nome duplicado

(Desenhando jogadas na lousa e discutindo com Durito, porque ele insiste que, em vez do tradicional 4-2-4, apresentemos o 1-1-1-1-1-1-1-1-1-1-1 que, diz ele, é desconcertante.)

P.S.: Para a Federação Mexicana de Futebol, o Real Madrid, o Bayern Munich, o Osasuna, o Ajax, o Liverpool e a equipe da ferreteria González, sinto muito, tenho contrato de exclusividade com Ezetaelene.

P.S.: Com tom e volume de repórter esportivo, El Sup, utilizando a técnica do uruguaio Obdulio Varela na final contra o Brasil (Copa do Mundo, estádio do Maracanã, Rio de Janeiro, 16/VII/1950), com a bola na mão, caminhou como se estivesse em câmera lenta (a partir de maio de 2001) desde o gol zapatista. Após reclamar com o árbitro sobre a ilegitimidade do gol recebido, coloca a bola no centro do campo. Se vira para olhar seus companheiros e trocam olhares e silêncios. Com o placar, as apostas e todo o sistema contra eles, ninguém tem esperança nos zapatistas. Começa a chover. Num relógio são quase seis horas. Tudo parece estar pronto para que se retome o encontro.

---

na assinatura do texto sugere uma dupla autoria: o Subcomandante Insurgente Marcos, porta-voz do comando militar do EZLN, mas também o Subcomandante Insurgente Marcos, diretor técnico zapatista (significado da sigla "DTZ").

IV. OUTROS CALENDÁRIOS, OUTRAS GEOGRAFIAS, OUTROS FUTEBÓIS (2013-2021)

Apagando o fogo com gasolina

Subcomandante Insurgente Marcos, 12 de janeiro de 2013

APAGANDO O FOGO COM GASOLINA
(*post scriptum* à carta gráfica)
11 de janeiro de 2013.

P.S. PARA VOSSAS ILUSTRÍSSIMAS PESSOAS: Então vocês não sabem de quem estão falando aí, talvez por que não vejam televisão? Ok, ok, ok, vocês são todos muito eruditos e não têm nada a ver com a cultura dos pés-rapados, mas também não sabem quem é Umberto Eco?

P.S. DE CULTURA ESPORTIVA GERAL: Lionel Messi, argentino, joga futebol no time espanhol Barcelona; quando não está fazendo comerciais de pão de marca;[57] é suspeito, assim como o saudoso Memín Pingüín,[58] de ter um chiclete

[57] N.d.O.: Referência a um comercial de pão de forma da marca Bimbo com participação do jogador, veiculado em 2012.

[58] N.d.O.: Personagem mexicano de histórias em quadrinhos, criado em 1943 por Yolanda Vargas Dulché. Nas décadas seguintes, o gibi de mesmo nome se tornaria bastante popular no México e em países da América Central, e no Brasil, chegaria a ser brevemente publicado com o título de *Gui Pinguim* durante a década de 1990. O personagem, que representaria um garoto negro e pobre da Cidade do México, carrega uma série de estereótipos pejorativos que contrapõem sua bondade e afetuosidade a uma

na chuteira, porque a bola gruda nela e só se separa quando ele é derrubado ou quando a bola "jaz no fundo das redes". Cristiano Ronaldo, português, joga futebol no time espanhol Real Madrid; também é conhecido como CR7; quando não está fazendo comerciais de desodorante, até faz uns bons gols. Mais informações sobre o futebol como negócio e como alegria (exemplo: Pelé contra Garrincha), com Eduardo Galeano... hum... vocês sabem quem é Eduardo Galeano? E não, nem para o Barcelona, nem para o Real Madrid, torço para os Jaguares de Chiapas, no México, e para a *Internazionale* de Milão, na Itália (li que foram goleados, deve ser por causa das camisas que usam como visitantes). Mas os zapatistas continuam firmes, somos como os verdadeiros torcedores do Pumas (salve Rebel),[59] que estão com o time, seja ganhando ou perdendo, e ainda que no conselho estejam pessoas como Joaquín López Dóriga e Carlos Slim; ou como os torcedores do América (salve La Polvorilla),[60] que, quan-

profunda inocência, ingenuidade e ignorância acadêmica. Além disso, seu desenho carrega traços grosseiros, representando-o com orelhas e lábios exagerados. Em 2005, lideranças políticas e organizações do movimento negro norte-americano questionaram Memín Pinguín como sendo uma representação profundamente racista de uma pessoa negra, o que foi rechaçado por figuras públicas mexicanas, como o então ministro de Relações Exteriores Luis Ernesto Derbez. A referência ao personagem mobilizada pelo Subcomandante Marcos, aparentemente, não faz menção à sua conotação racista, mas a uma história incluída no gibi de número 86-87 em que Memín gruda um chiclete em sua chuteira, durante uma partida de futebol contra os alunos de uma escola rival à que ele frequenta. A referência, neste caso, parece mobilizar muito mais o lugar de destaque que Memín Pinguín seguiu ocupando até o tempo presente no imaginário popular mexicano do que as controvérsias racistas em que o gibi esteve envolvido.

[59] N.d.O.: "La Rebel" é como a torcida dos Pumas é popularmente conhecida no México.

[60] N.d.O.: La Polvorilla é uma comunidade autônoma localizada no extremo sudeste da Cidade do México. Oficialmente denominada Comunidad

do lhes dizem que são odiosos, respondem "odeiem mais"; ou como os da máquina azul,[61] que colocam sacos na cabeça em sinal de vergonha, mas não deixam de apoiar seu time; ou como os que vão ao Atlas (salve Jis e Trino),[62] que seguem por lá, ainda que só para constar; etc. Sim, eu sei que vão dizer que o futebol é o ópio dos povos e que promovo a alienação, a incultura, blá, blá, blá, blá.

P.S. QUE DÁ LIÇÕES DE GEOGRAFIA: Cidade do México, Distrito Federal, México. Lugares onde você pode conseguir, a um preço módico, qualquer série de televisão (mesmo com episódios que ainda não saíram) ou filme (em alguns lugares podem oferecer os indicados ao Oscar, antes mesmo que o Comitê da Academia das ciências e das artes cinematográficas de Hollywood se reúna), sem ter que trair seus princípios de não assistir televisão: Eje Central "Lázaro Cárdenas" (antigamente conhecido como "San Juan de Letrán"); Pericoapa; Tepito, Calzada de Tlalpan; qualquer saída/entrada do metrô; corredores de qualquer faculdade da Unam; praticamente em toda esquina de qualquer quebrada; se quiser os originais, então é nas Livrarias Gandhi (um salve

Habitacional Acapatzingo, é originada de uma ocupação organizada pela Frente Popular Francisco de Villa (FPFV) em 1995. As formas de autogestão da comunidade se estruturam a partir da formação de brigadas, responsáveis pelas diferentes esferas que envolvem a vida coletiva, como educação, cultura, comunicação, financiamento, economia e segurança. Uma abordagem detalhada e crítica desta experiência autônoma pode ser consultada em ZIBECHI, Raúl. La comunidad autónoma urbana: el mundo nuevo en el corazón del viejo. In: HOPKINS, Alicia; PINEDA, Cesar Enrique (Orgs.). *Pensar las autonomías: experiencias de autogestión, poder popular y autonomía*. México: Bajo Tierra A.C., 2021, p. 23-51.

[61] N.d.O.: Alcunha atribuída ao Clúb de Fútbol Cruz Azul.

[62] N.d.O.: Jis e Trino são uma dupla de caricaturistas (ou "chargistas", como se diz comumente no Brasil) mexicanos, conhecidos por serem torcedores do Atlas Fútbol Club.

à família de Dom Mauricio), El Sótano ou El Parnaso... El Parnaso já fechou? (um abraço daqui para o Tony), que pena. Ok, ok, ok, eu sei, mas o mundo tem mais esquinas do que seus *mixups* favoritos. Atenção: não se surpreenda se, quando for adquirir esses DVDs, você vir a polícia extorquindo os ambulantes ou tentando despejá-los "porque enfeiam a cidade". E se acontecer de você ver um confronto, não se assuste, geralmente os fodidos resistem.

P.S. QUE DÁ CONSELHO A QUEM PROCURA O IFE[63] PARA SOLICITAR INSCRIÇÃO: Talvez se saíssem melhor nas eleições se em vez de julgar "os mortos de fome" (é a coisa mais fofa que disseram quando houve o caso dos cartões pré-pagos) que não votaram em vocês, tentassem entendê-los. Mas, bom, milhões de pessoas mexicanas que votaram em vocês podem explicar quem são cada um dos personagens ou séries mencionadas.

P.S. QUE REVISA AS AFIRMAÇÕES SUSPEITAS SOBRE O EZLN: Boa parte dos argumentos que usam quando nos criticam são os mesmos utilizados pelas grandes emissoras de televisão, pelas rádios comerciais e pela chamada "imprensa vendida", de 1994-95 até essa data.

P.S. QUE SUGERE, INSINUA OU, COMO QUEM DIZ, PROPÕE UM SUPOSITÓRIO: Possível caminho que o "debate caricaturado" teria tomado (claro, sem a senhorita ajudante de campo que tanto impressionou o Sr. Quadri):[64] estes

[63] N.d.O.: Sigla para Instituto Nacional Electoral, o órgão público responsável pelo cadastro de candidatos e eleitores no México.

[64] N.d.O.:Dois dias antes da publicação do presente texto – veiculado como uma espécie de resposta do Subcomandante Marcos a seus críticos na imprensa mexicana hegemônica do contexto –, também foi divulgada uma charge assinada pelo Sup. Este bloco do texto (e outros a seguir) faz referência a essa charge, e a possível recepção da mesma pela opinião pública

em questão respondem com uma caricatura em que o Sup está sentado numa poltrona, coçando os que lhe são muito caros, de barriga de fora e se empanturrando de comida *junk*, assistindo televisão (provavelmente com o logotipo da Televisa, porque eles tomam cuidado para não pôr na TV Azteca[65] – ah, e não os acusamos de serem pagos por Salinas Pliego ou Carlos Slim,[66] ou que sua campanha contra os trabalhadores de Soriana[67] tenha sido paga pelo Wal-Mart), trazendo um título ou um balão de diálogo com algo como "Estou preparando minha próxima declaração". El Sup contra-ataca com outra caricatura, intitulada "O passado subsequente", onde ele está em sua cadeira de rodas e um indígena à sua frente diz: "Os compas dizem que estão prontos, que agora é com você e que você já sabe o que fazer". O Sup responde: "Ok, preciso falar com o Elías Contreras[68] para entregar uns DVDs para ele". A mídia e os amigos que a acompanham não reproduziriam mais a caricatura, mas começariam com espe-

mexicana. A charge pode ser visualizada em: "Carta gráfica del Sup a los críticos chafas". Enlace Zapatista, 9 jan. 2013. Disponível em: https://enlacezapatista.ezln.org.mx/2013/01/09/carta-grafica-del-sup-a-los-criticos--chafas-8-de-enero-del-2013-2/.

[65] N.d.O.: Rede televisiva mexicana, criada em 1993 a partir da privatização do grupo estatal Imevisión.

[66] N.d.O.: Ambos são empresários e magnatas do ramo das telecomunicações. Ricardo Salinas Pliego é proprietário do Grupo Salinas, que mantém a TV Azteca, entre outras empresas. Carlos Slim, por sua vez, é tido como o sétimo homem mais rico do mundo.

[67] N.d.O.: Referência às reivindicações de trabalhadores do grupo Soriana, empresa do ramo de supermercados no México.

[68] N.d.O.: Elías Contreras é um personagem criado pelo Subcomandante Marcos, que corresponderia à esfera investigativa do EZLN. Entre diversas outras narrativas, ele protagoniza a novela *Muertos Incómodos (falta lo que falta)*, trama policial coescrita pelo Subcomandante Marcos e pelo autor mexicano Paco Ignacio Taibo II, publicada em 2004.

culações como "O Sup está deficiente e por isso não aparece publicamente?", seguidas de investigações "muito sérias" sobre as possíveis doenças que teriam como consequência estar em uma cadeira de rodas.

P.S. QUE DÁ LIÇÕES DE RACISMO NA COMUNICAÇÃO: Li em vários lugares que "ezeéliene sim, marcos não" e que querem ouvir os indígenas zapatistas, não o ego maníaco do Sup. Ok, então vai:

– A última vez que o Sup assinou um comunicado em nome do EZLN foi em maio de 2011, por ocasião da marcha de apoio ao movimento justo e digno liderado por Javier Sicilia.[69] No comunicado do CCRI-CG, o EZLN saudava o Movimento pela Paz com Justiça e Dignidade e sua luta pelas vítimas da guerra absurda de Felipe Calderón Hinojosa.[70]

– Entre 7 de maio de 2011 e 21 de dezembro de 2012, há 27 denúncias das Juntas de Bom Governo, ou seja, dos indígenas zapatistas SEM INTERMEDIÁRIOS mestiços, brancos e barbudos (e dos lugares comuns que queiram acrescentar), todas "tuitadas" e "feicebuqueadas" (ou como queiram chamar) pelo site Enlace Zapatista. Em média, as 27 denúncias foram visitadas e lidas 1.500 vezes cada uma, e todas estiveram vários dias no cabeçalho central desta página.

[69] N.d.O.: Em maio de 2011, após a morte de seu filho de 24 anos e outros seis jovens pelo narcotráfico no estado de Morelos, o poeta e jornalista Javier Sicilia encabeçou uma marcha massiva que se dirigiu até a Cidade do México para exigir justiça, reparação às vítimas e combate à corrupção e à impunidade do crime organizado no país. Cerca de 20 mil zapatistas integraram a marcha, e o movimento, denominado Movimiento por la Paz con Justicia y Dignidad, impulsionou a aprovação no mesmo ano de uma Lei Geral de Vítimas

[70] N.d.O.: Presidente mexicano à época, responsável por conduzir uma controversa guerra contra cartéis e organizações do narcotráfico marcada por um alto número de vítimas.

Por exemplo, a denúncia da Junta de Bom Governo de La Realidad, datada de 15 de agosto de 2012, foi a matéria principal do site zapatista durante 24 dias e recebeu 1.080 visitas-leituras. Número de tuítes (ou como queira chamar) que causou: zero. Número de jornalistas que "notaram" a denúncia: um. Número de comentários de intelectuais em seus escritos: zero. Número de retuítes (ou como queiram chamar): zero. Número de comentários acusando o EZLN de ser uma invenção de Salinas de Gortari: zero. Número de especulações sobre por que o EZLN só aparece em tempos eleitorais: zero. Número de jornais que publicaram a denúncia em sua edição impressa: zero. Aliás, o texto da JBG denunciava a aliança do governo estadual e municipal com o PVEM e o PRD para atacar as comunidades zapatistas.

Número de visitas à caricatura do Sup que tanto ofendeu as pessoas cultas: mais de 5 mil visitas em menos de 48 horas (mais os tuítes – ou como queiram chamar – e os *pingbacks* – ou como queiram chamar –, os copia e cola, etc.).

Agora, revisem o período desde agosto de 2003, ano em que foram formadas as Juntas de Bom Governo e em que se tornaram porta-vozes diretas dos povos zapatistas, e vejam quantas vezes se manifestaram, com suas próprias palavras e sem intermediários. Façam a conta de quantas vezes vocês souberam que essa palavra existia. Ok, agora, sim, escrevam sobre o silêncio "suspeito" dos zapatistas e se perguntem por que os zapatistas e marcos "aparecem" só quando o PRI, que nunca se foi, retorna.

P.S. QUE TUÍTA (ou como queiram chamar) SOBRE O EZLN:

Tuíte 1: "Zapatistas são quem, nas corridas de touros, ficam com o touro".

Resposta 1: “Mas que ingenuidade, no final sempre matam o touro”.

Tuíte 2: “Nem sempre”.

Resposta 2: “As flores são sempre para o toureiro, não para o touro, zapatistas estão fora da realidade”.

Tuíte 3: (cancelado por ultrapassar 140 caracteres): Os partidos políticos lutam para ver quem é o toureiro: uns dizem que é melhor que os lanceiros demorem mais e assim facilitem o trabalho; outros que devemos ser piedosos e oferecer conforto espiritual ao touro antes de ser sacrificado; outros dizem que o que precisa fazer é diminuir os gastos para que a administração das touradas não seja tão onerosa; outros dizem “quanto?”.

Resposta 3: (Não tem porque o tuíte 3 não saiu.)

Tuíte 4: “As touradas vão desaparecer. Enquanto isso, zapatistas aplaudem mais o touro quando, apesar dos ferimentos, consegue derrubar o toureiro”.

Resposta 4: (Não tem, todo mundo foi dormir.)

O P.S. continua tuitando (ou como queiram chamar). Depois de um tempo, alguém percebe que ele está ali e responde: “Por que você só aparece em situações suspeitas?”

Tan-tan?

P.S. QUE AGORA NÃO EXCEDE 140 CARACTERES (eu acho): “Durito: os zapatistas são como o Doutor House: quase sempre acertam no diagnóstico e o tratamento, mas a maioria não gosta do seu modo. Do paciente, nem vou comentar.”

P.S. QUE ESCLARECE: Nós lemos com atenção. Vemos como, quando um discorda do outro, se acusam mutuamente de *pejezombie*[71] ou *televiso*[72] e seus derivados. Nós não achamos que as disparidades tenham necessariamente uma filiação política. Por exemplo, quando alguém diz "o EZLN é uma invenção de Salinas de Gortari", não pensamos necessariamente que seja um "*troll*", um *pejezombie*, um *televiso* ou um *tvazteco* (ou como queiram chamar-se mutuamente). Pode ser, pensamos, que seja só alguém com um baixo coeficiente intelectual, com preguiça de ler mais de 140 caracteres ou tentando ficar com alguém que já disse isso.

P.S. QUE DESAFIA A GEOMETRIA: O mundo é redondo, dá voltas, muda. Mas no mundo imposto pelos de cima, não importa quantas voltas dê, nós sempre ficamos embaixo. O mundo que nós queremos também é redondo, também dá voltas, também muda, mas ninguém está em cima à custa dos que estão embaixo.

P.S. QUE FAZ UM POUCO DE MEMÓRIA: Quando uma parte da esquerda culta ainda fazia malabarismos para tentar dar fundamento teórico ao infeliz acontecimento da "república amorosa", e vivia uma tórrida lua de mel com a grande mídia (e dedicaram grandes quantias de dinheiro para publicidade em meios eletrônicos e impressos), jovens estudantes do que mais tarde seria conhecido como *#yosoy132*[73]

[71] N.d.T.: É uma forma pejorativa de se referir aos apoiadores mais fanáticos do presidente Andrés Manuel López Obrador, que governa desde 2018 até a atualidade. Considerado um político de esquerda, me parece que "*pejezombi*" equivaleria ao uso que se fez do termo "petralha" por vários anos no Brasil.

[72] N.d.T.:Adjetivação de Televisa, uma emissora de televisão de destaque no México.

[73] N.d.O.: "Yo Soy 132" foi um movimento formado majoritariamente por estudantes universitários do México, surgido no contexto das eleições presidenciais de 2012. Após a realização de um protesto estudantil na Universidad Iberoamericana, ocorrido durante uma atividade do então candidato Enrique Peña Nieto (do Partido Revolucionário Institucional – PRI),

já denunciavam o papel da grande mídia na "democracia" mexicana. Então aconteceu o que aconteceu, e essa mesma esquerda culta começou a querer eleger-se como tutora dos jovens rebeldes (ou "revoltosos", como são chamados agora). Como já não estão na moda, os esqueceram e dizem "perderam a oportunidade", "muito barulho e não conseguiram nada", "revolucionários de 'istarbuquis' (ou como queiram chamar)", "não se pode mudar o mundo com um 'ismartifone' (ou como queiram chamar). O calendário continuará a sangrar e, de repente, eles ressurgirão, melhores, mais fortes. E os que agora os esquecem ou os criticam dirão "claro, eu sabia que eles não tinham desaparecido", ou "agora vou dizer o que precisam fazer", mas outros dirão "é muito suspeito vocês aparecerem toda vez que acontece alguma coisa".

P.S. QUE PARECE COMPREENSIVO: Não há *tox*, a gente entende. Nós somos "isso" que, em suas casas e escolas, provocaria a recomendação de seus pais, amizades e outras pessoas sensatas e decentes: "não é boa ideia você se juntar com essa gente, dizem tantas coisas sobre eles." E bom, do Sup nem se fala, seria algo como "esse homem é complicado, você nem sabe quem ele realmente é." Ou: "uma coisa é ajudar os pobres indiozinhos, outra é se misturar com aqueles

---

os principais meios de comunicação de massa do país e representantes da classe política criticaram o protesto, questionando os vínculos dos manifestantes com a universidade e a legitimidade de suas credenciais estudantis e posições políticas. Em resposta, um vídeo de resposta com a participação de 131 se propagou pelas redes sociais, impulsionando uma série de outras manifestações, que logo se reuniriam sob a *hashtag* #YoSoy132. O movimento apresentaria como suas reivindicações centrais a democratização dos meios de comunicação e a ampliação dos debates entre os candidatos que disputavam as eleições presidenciais naquele ano, além de se opor ao explícito apoio midiático recebido pelo candidato Enrique Peña Nieto.

pés-rapados que não têm nem sinal de celular, muito menos 'ismartifone', nem que seja da marca 'a migalha'".

P.S. QUE DÁ UMA PISCADA: *Nerd is hot.*

P.S. SOBRE OS MILHÕES CONTRA OS MILHARES, OU CENTENAS, OU DEZENAS, OU ALGUNS: O argumento das maiorias contra as minorias nos dá preguiça, e me faz lembrar de um velho grafite, uma, velha pichação (ou como queiram chamar), em um velho muro que vi quando era velho. Com uma festa de cores, sentenciava: "Coma merda. Milhões de moscas não podem estar enganadas."

P.S. QUE ACONSELHA PACIÊNCIA: Ah, não se desespere. Algumas palavras (ou desenhos, áudios, vídeos) mais e só quem realmente nos interessa como interlocutores poderá nos ouvir.

É isso. Saúde e, acredite, entendemos: motivos e sem motivos para fundamentar o cinismo, a apatia, o importanadismo, ou sinônimos que ocorram a vocês, são muitos, demasiados, todos. Encontrá-los para fazer algo para mudar e melhorar é uma tarefa que poucas pessoas estão dispostas a realizar.

O Sup tentando conseguir um combo *fatality* para o texto de final de temporada.

(Incrível... Agora vai sair em videogame).

:::::::::::::::::::::

Ouça e veja o vídeo que acompanha este texto:[74]

[74] N.d.O.: Originalmente publicado no site *Enlace Zapatista*, este texto possui uma estrutura típica de postagem em blog. No corpo do texto, logo abaixo a esta passagem e antes de sua descrição, o vídeo em questão está incluído. A postagem original pode ser consultada em: "Apagando el fuego con gasolina (posdatas a la carta gráfica". *Enlace Zapatista*, 11 jan. 2013.

"Robando versos",[75] de Comando Cucaracha, grupo musical de ska, de Saragoza, na comunidade autónoma de Aragão, Estado Espanhol. Na interpretação: Nacho Juárez (trombone, dulzaina, boto gaita de foles, trompa, violão e guitarra rumbera), Pepín Banzo (voz, dulzaina, boto gaita de foles, trompa, violão e guitarra rumbera), Kike Cruz (bateria, percussões e coros), Bitor Murillo (baixo elétrico e coros), Agostin Lois Valero (dulzaina, trompa ribagorzana e gaita de foles boto), Nacho Prol (guitarra elétrica e violão), Jesús Valdezate (sax tenor, sax soprano e flauta), Fran López (acordeão, teclados, trompete de bolso e coros), Carlos García (*marrones*, web, *botiga* e coros), Toño Berzal (manager e anjo da guarda). A música faz parte do disco *Entre héroes y villanos*. E vamos dançar ska!

Disponível em: https://enlacezapatista.ezln.org.mx/2013/01/12/apagando-el-fuego-con-gasolina-posdatas-a-la-carta-grafica/

[75] N.d.O.: Aqui há um equívoco do Subcomandante Marcos, provavelmente não intencional. A canção se chama "Versos robados", e faz parte do álbum *Entre héroes y villanos*, lançado pelo grupo Comando Cucaracha em 2007.

Votán[76] IV. Dia Menos 7

Subcomandante Insurgente Marcos, 4 de agosto de 2013

Votán IV.
Dia menos 7.

Em que se revela algo daquilo que o coração zapatista admira em outras pessoas, se avisa que há isenções e se dão conselhos ociosos que ninguém seguirá.

Agosto de 2013.

Bem, falta pouco. Estou me referindo aos dias que faltam para o início da *escuelita*, não ao que temos e queremos dizer.

Se você está procurando uma escola que designe um professor, uma professora, para cada aluno individualmente, 24 horas por dia, que seja gratuita e laica e que forneça alimentação e hospedagem enquanto você aprende-ensina, desejamos a você boa sorte.

Como já sabem, a escolaridade de quem frequenta vai desde o jardim de infância até ao doutorado no estrangeiro (e por "estrangeiro" não nos referimos a outros países que não o nosso, mas a serem alheios, estranhos, então muitas instituições de ensino no nosso país são estrangeiras). E os calendários se estendem dos meses de vida até mais de 90 anos. Todas e todos serão recebidos no coração coletivo que

[76] N.d.O.: Votán é uma figura da mitologia maia que encarna a defesa da terra e de suas comunidades. Em entrevista concedida em 1997 ao sociólogo francês Yvon Le Bot, o Subcomandante Marcos traça relações estabelecidas por indígenas chiapanecas entre esta personagem mitológica e a figura de Emiliano Zapata. Ver: LE BOT, Yvon. *El sueño zapatista*. Barcelona: Plaza & Janés, 1997.

somos, independentemente se vêm à comunidade, ou se vão para o Cideci, ou em outra geografia através de videoconferência, ou recebendo os materiais de apoio, ou aguardando o seu tempo.

Talvez vocês consigam perceber o esforço organizativo que esta *escuelita* representa para os povos zapatistas.

Mas não se pergunte por que e como um grupo de comunidades indígenas decide hospedar, alimentar, conviver e compartilhar seus conhecimentos com um grupo de estranhos, de diferentes, de outr@s. Ou como é que o objeto da esmola, da pena, da condolência e outros nomes atrás dos que se escondem, o racismo, a discriminação e o desprezo, isto é, os indígenas zapatistas, cometem a audácia de declarar que têm algo a ensinar, e para isso eles erguem, como fosse um barco absurdo em plena selva, uma *escuelita* tão grande que abarque o mundo inteiro.

Ou sim, mas também se pergunte como é possível que pessoas dos cinco continentes, das mais variadas nacionalidades (esse truque barato de bandeiras, fronteiras e passaportes), de grandes ou pequenos conhecimentos, decidam que têm, sim, algo a aprender com pessoas que estão catalogadas nos grandes livros e nos discursos governamentais como "ignorantes", "atrasadas", "marginalizadas", "pobres", "analfabetas", e os etcéteras que se podem encontrar nos "estudos" do Inegi,[77] nos manuais de antropologia e nas palavras e gestos de nojo daqueles que dizem governar o mundo.

Por que pessoas de renome ou sem nome pegam e empregam seu tempo ouvindo e, na maioria dos casos, também viajando, para aprender com os povos zapatistas?

[77] N.d.T.: Instituto Nacional de Estadística y Geografía – Inegi.

Porque para nós, as zapatistas e os zapatistas, não nos surpreendem nossos contínuos e persistentes altos e baixos na luta pela vida, isto é, pela liberdade. O que realmente nos surpreende é que existam pessoas como você que, podendo escolher destinos mais amigáveis, confortáveis e reconfortantes, decidem colocar o coração nas montanhas rebeldes do sudeste mexicano para, com a gente, iluminar com um relâmpago um agosto no último recanto, no menor de todos.

Por quê? Será porque talvez vocês intuam, saibam, conheçam, que a luz não vem de cima, mas nasce e cresce de baixo? Que não é produto de um líder, chefe, caudilho, sábio, mas sim da gente comum? Será que nas suas contas o grande começa pequeno e o que sacode o mundo de quando em quando começa apenas com um murmúrio, quieto, baixo, quase imperceptível? Ou talvez imaginem como é o estrondo de um mundo desmoronando. Talvez saibam que mundos novos nascem com os menores de todos.

Enfim, o que realmente deveria surpreender é você aqui e com a gente, deste lado, sabe. E acho que está claro que não me refiro ao calendário ou à geografia.

OS DISPENSADOS

Nós, as zapatistas, os zapatistas, tivemos a sorte de contar com os ouvidos, a palavra e a mão companheira de homens e mulheres que admiramos pela sua altura moral. Alguns/algumas não disseram nada diretamente sobre nós, nem a favor, nem contra. Mas suas palavras sobre como o mundo funciona, sim.

E há pessoas que poderiam muito bem estar do outro lado, com os de cima, ou com quem de diferentes lugares vê em nós um competidor, um estorvo, um incômodo, um inimigo, um animal impossível de domar e domesticar. Ali, daquele lado, podiam fazer-se honras e procissões, homenagens e saudações. Para obtê-los, bastava se distanciar do nosso caminho ou somar seu silêncio à cumplicidade de outras, de outros.

Algumas dessas pessoas aceitaram o convite para a *escuelita* zapatista por generosidade. No longo caminho de seu digno andar, mantiveram sempre as pontes para o menor passo de todos, o mais esquecido, o nosso.

Houve outros, outras, que também nos apoiaram antes? Sim, muitos, muitas, e mais tarde, na crista da nova onda da vez, exigiram submissão e sujeição à nova roupagem usada pelos nossos habituais perseguidores de sempre, mas agora de "esquerda". Exigiram que, prostrados, agradecêssemos o apoio, calando diante das injustiças de sempre, adornadas com falsas palavras. Assim como o Mandão, exigiam obediência. Como ao Mandão, respondemos com rebeldia.

Mas essas outras pessoas compas, homens e mulheres de diferentes calendários e geografias, nunca exigiram de nós submissão ou rendição. E, embora, o seu olhar tenha sido, não poucas vezes, crítico do nosso caminhar, sempre foi e é companheiro. Elas, eles, são a prova de que apoio não é subordinação (algo que a esquerda mundial ainda não entende direito).

Convidamos todos eles, elas, sim. Mas não como alunos. Segundo o nosso entendimento, elas e eles entendem bem o que é liberdade para nós, os zapatistas, as zapatistas. Convidamos para participar dessa alegria de ver que nosso passo, embora lento e desconcertante, continua e vai em direção a um único destino, que também é o delas e deles.

Vou escrever alguns nomes. Nem todas, nem todos estarão lá. Mas ao nomeá-los e nomeá-las, nomeamos aqueles que deveriam aparecer ao nosso lado e, também, aqueles que já não estão porque a morte se plantou em seu caminho. Mas estão na nossa memória, que é a única e melhor coisa que temos como arma e escudo. Vão fazer falta, por exemplo: a atividade incansável da nossa companheira irmã Chapis; a firmeza da compa Rosa de Querétaro,[78] o olhar-ponte de Beverly Brancroft,[79] o riso alegre de Helena, a luta teimosa de Martha de Los Ríos;[80] a palavra clara de Tomás Segovia;[81] o ouvido sábio de José Saramago;[82] os sentimentos fraternos de Mario Benedetti;[83] a engenhosidade de Manuel Vázquez Montalbán;[84] a responsabilidade serena de Adolfo Sánchez

[78] N.d.O.: Referência a militantes falecidas que mantiveram laços com o zapatismo.

[79] N.d.O.: Esposa do escritor marxista John Berger, que foi um entusiasta da causa zapatista. Beverly Bancroft faleceu em 30 de julho de 2013, poucos dias antes da publicação deste texto.

[80] N.d.O.: Martha de los Ríos foi uma militante política histórica de Chihuahua. Integrou, entre outras organizações políticas regionais, o Comitê de Mães de Desaparecidos Políticos, que estabeleceu laços com o EZLN pouco tempo após o levante de 1994. Faleceu em abril de 2012 (Nota do organizador).

[81] N.d.O.: Escritor espanhol radicado no México, que manteve interesse e proximidade com a causa zapatista. Faleceu em novembro de 2011.

[82] N.d.O.: Escritor português, premiado com o Nobel de Literatura em 1998, e que ao longo de sua vida expressou mais de uma vez sua simpatia e interesse pela causa zapatista. Em 1998, integrou a publicação *As vozes do espelho* (lançada no Brasil em 2001 pelo comitê Avante Zapatistas!), composta de textos de autores variados que acompanhavam ilustrações produzidas por crianças zapatistas. Saramago faleceu em junho de 2010.

[83] N.d.O.: Escritor uruguaio, que também integrou a publicação As vozes do espelho. Faleceu em maio de 2009.

[84] N.d.O.: Escritor e jornalista espanhol que manteve proximidade e interesse pelo EZLN. Em 1999 entrevistou o Subcomandante Marcos (a entrevista foi publicada no Brasil no ano seguinte pela revista *Caros Amigos*). Faleceu em outubro de 2003.

Vázquez;[85] o conhecimento profundo de Carlos Montemayor;[86] o abraço fraterno de Andrés Aubry e Angélica Inda;[87] entre muitas outras pessoas.

Elas e eles, e alguns/algumas outras, embora apareçam na lista de convidados como alunos, não o são. Estão, para usar o jargão escolar, dispensados.

Será bom recebê-los e dar um abraço, aqui ou na geografia de onde, generosos, nos olham e nos ouvem. Quer cheguem ou não, estarão conosco, tal como são: nossas companheiras e companheiros.

Agora só coloco o nome de poucas pessoas. Tem mais. Enviaremos a todas elas e eles, junto com nosso abraço, admiração e respeito reiterados, a carta de dispensa, que é apenas um símile acadêmico para que saibam da nossa gratidão. Então aqui estão alguns/algumas dos que estão dispensados, com honra, do curso "A Liberdade segundo Zapatistas":

– Nossas queridas avós e mães, as Donas de Chihuahua e Sinaloa, no México de baixo e à esquerda.

– Nossas avós e mães da Plaza de Mayo, na digna Argentina.

[85] N.d.O.: Escritor e pensador marxista espanhol que exilou-se no México ao fim da Guerra Civil Espanhola, e lá viveu até o fim de sua vida. Faleceu em julho de 2011.

[86] N.d.O.: Ensaísta e crítico literário mexicano, Carlos Montemayor escreveu sobre a experiência zapatista em *Chiapas, la rebelión indígena de México*, obra publicada em 1997. Faleceu em fevereiro de 2010.

[87] N.d.O.: Andrés Aubry e Angelica Inda eram um casal de antropólogos e historiadores franceses que atuavam em Chiapas. Juntos, publicaram diversos textos e balanços sobre a experiência zapatista desde a perspectiva da sociedade civil organizada. Mantinham proximidade com o bispo Samuel Ruiz, que encabeçava a diocese sob as perspectivas da teologia da libertação, e dirigiram por 36 anos o Arquivo Histórico da Diocese de San Cristóbal de las Casas. Angelica Inda faleceu em 2001, e Andrés Aubry, em 2007.

– María Luisa Tomasini, nossa avó em Chiapas.
– Pablo González Casanova.
– Luis Villoro.
– Adolfo Gilly.
– Paulina Fernández C.
– Óscar Chávez.
– John Berger.
– Carlos Aguirre Rojas.
– Antonio Ramírez Chávez.
– Domi.
– Vicente Rojo.
– Immanuell Wallerstain.[88]
– Gilberto López y Rivas.
– Noam Chomsky.– María Luisa Capella.
– Ernesto Cardenal.
– Neus Espresate Xirau.
– Marcos Roitman.
– Arturo Anguiano.
– Gustavo Esteva Figueroa.
– Jorge Alonso Sánchez.
– Hugo Blanco Galdós.
– Miquel Amorós.
– Neil Harvey.
– John Holloway.
– Malú Huacuja del Toro.
– Armando Bartra.
– Michael Hardt.
– Greg Ruggiero.
– Raúl Zibechi.

[88] N.d.O.: referência a Immanuel Wallerstein, sociólogo estadunidense falecido em 2019. Optamos por manter a grafia utilizada no texto original.

- Eduardo Galeano.
- Daniel Viglietti.
- León Gieco.
- Sylvia Marcos.
- Jean Robert.
- Juan Villoro.
- Mercedes Olivera.
- Bárbara Jacobs.
- Mayor insurgente honorario Félix Serdán.
- María Jesús de la Fuente Viuda de O'Higgins.
- Inés Segovia Camelo.
- Obispo Raúl Vera.
- Bárbara Zamora.
- El Mastuerzo.
- Rocko Pachukote.
- Francisco Segovia.
- Zach de la Rocha.
- Centro de Derechos Humanos Fray Bartolomé de Las Casas.
- Juan Carlos Mijangos Noh.
- Sindicato Mexicano de Electricistas (SME), México.
- Ignacio Del Valle.
- Victor Flores Olea.
- Madalena Gómez.
- Confederação Geral de Trabalhadores, Estado Espanhol.
- Brigada de Rua "Elisa Martínez".
- a galera tuiteira.
- a galera da mídia alternativa.

Conselhos ociosos (porque sei bem que não vão me ouvir).

Sobre o xadrez e os pesadelos.

Se, por exemplo, você fica na *escuelita* da zona do Caracol de La Realidad. Depois de um dia agitado, com bolhas nas mãos e nos pés, mas com aquela dor alegre que só o aprender dá, você se senta do lado de fora da champa.[89] Pega um cigarro e acende enquanto observa a luz da tarde dar lugar às sombras da noite. Olha o que está ao seu redor como se tudo se movesse em câmera lenta. Há um silêncio do cotidiano, que agora permite apreciar o serrar teimoso dos grilos, a luz brincalhona dos vagalumes, o zumbido dos mosquitos. Então você se decide e pega seu tabuleiro de xadrez portátil. Você está arrumando as peças, quando um menino ou uma menina (você calcula: entre 8 e 10 anos) se aproxima e fica do seu lado, agachado. A menina olha com curiosidade o que você faz e pergunta, com uma inocência além de qualquer suspeita: e o que é isso? Você se sente lisonjeado por ter a oportunidade de ensinar algo, principalmente porque desde que chegou ficou recebendo correções de seu Votán e da família com quem mora agora. Então dá uma tragada no cigarro e diz: "Ah, é um jogo, se chama xadrez." E aí chega o momento decisivo. Você fica tentado a dizer o que não deveria. Acha que, afinal, é apenas um menino-menina e que será divertido ensinar esse jogo misterioso de inteligência, tática e estratégia. Então você diz as palavras malditas: "Quer que eu te mostre como se joga?" Pronto. Sua sorte está lançada. A menina-menino dirá, com inocência: "bom, vamos ver se consigo." Depois: o pesadelo. Passando as primeiras explica-

[89] N.d.T.: Tenda provisória feita de palmeiras ou galpão rústico.

ções "esse se chama peão", "esse bispo", "esse cavalo" e assim por diante, o menino-menina vai sentar na sua frente e pronto. Você vai passar a tarde toda e parte da noite ouvindo que lhe digam "xeque-mate" repetidas vezes. Mais tarde, pouco antes do sonho sonhado tomar o lugar do sonho real, você vai murmurar: "Maldito Sup, eu devia ter ouvido ele." Eu, perto e longe, vou acender o cachimbo, dou mais uma baixa no meu saco de biscoitos de bichinhos e vou pensar: "Odeio dizer que eu avisei, mas eu avisei." Já ouvi palavrões em dezenas de idiomas diferentes, quando os "mestres" de xadrez são espancados pelas crianças da região de La Realidad. Afinal, chamam esse lugar de "A Realidade" por um motivo, né?

Sobre o Futebol.

Se, por exemplo, você estiver na zona de Caracol de La Garrucha. Mesma situação da anterior. Agora é uma criança brincando com uma bola nas mãos. Agora ela está dizendo-perguntando-desafiando você com um "E na cidade de onde você vem, sabem jogar futebol?" Você então sente que nas suas veias se amontoam Pelé e Garrincha, Maradona e Cruyff, Ronaldo e Messi (não em uma Table Dance, claro), Puskas e Di Stéfano (fui longe demais no calendário?), ou o que corresponda à sua geografia e calendário. Aconselho você apenas sorrir e perguntar sobre o clima ou algo assim, mas você começa a ver tudo vermelho e, bom, você sempre achou que o chauvinismo esportivo é bem tolerado mesmo na esquerda mais radical, então, sem escutar meu conselho, ajeita as botas-botinas-tênis-chinelos-dedos e se levanta com um "Se sabemos jogar futebol na cidade de onde venho? Agora você vai ver. Vamos." Já de noite, quando você estiver quase caindo no sono do bom descanso, você vai recontar os estragos e dizer que falhou o goleiro, o zagueiro, o meia, o atacante, o árbitro, o campo íngreme, a lama e a merda do gado, que afinal a goleada recebida não foi tão ruim, que ficaram de fazer a revanche outro dia. Mas, com o último bocejo, você vai murmurar: "Maldito Sup, eu devia ter ouvido ele." Eu, perto e longe, vou acender meu cachimbo e sentar enquanto penso: "Odeio dizer que eu avisei, mas mas eu avisei." Vi times multinacionais de autênticos "craques" de bola-ao-pé sucumbirem nos "campos de futebol" do Caracol de La Garrucha. Nessa zona, até as vacas conhecem a magia de rolar uma bola.

O Pozol Azedo.

Em qualquer zona de qualquer um dos cinco caracóis que você ficar. "Tem festa!" você ouve dizerem. Você se levanta, embora todo o seu corpo doa como se você tivesse passado o dia inteiro tentando embarcar no transporte público, na hora do *rush* e na sua geografia. Você se aproxima de onde está o barulho. Então escuta que gritam com júbilo "pozol azedo!" Me ouve: dá meia volta e volte para sua champa. Se alguém oferecer, se desculpe com um "Obrigado, estou muito cheio agora" e ponha a mão na barriga com satisfação. Mas, dobrando a aposta, talvez você diga para si mesmo "Bem, vim compartilhar, então devo compartilhar também a alegria que o que chamam de pozol azedo parece provocar", e vai e pede um copo-xícara. Depois de passar a noite inteira sentado na latrina, você vai precisar acender um cigarro, mesmo que não fume, e na luz fugaz do isqueiro você vai pensar: "Maldito Sup, eu devia ter ouvido ele." Eu, não tão perto e sim longe, vou acender o cachimbo e, enquanto murmuro "Detesto dizer que eu avisei, mas eu avisei", vou me afastar ainda mais, porque, acredite, não há tabaco que cubra esse cheiro.

A comida.

Se você acha que algo pode lhe fazer mal ou está caindo mal no seu estômago, não coma. Não sinta a obrigação de comer o que não pode. Não vão olhar feio, nem vão lhe expulsar da *escuelita*, nem vão criticar você, nem nada parecido. Em vez disso, vão lhe dar remédios para a barriga e vão perguntar o que você pode comer para que não se sinta mal. Porque nós sabemos bem que o que alegra e nutre na comida está na palavra que a tempera. E sim, você pode trazer o que gosta de comer, desde que compartilhe.

E não me refiro a dar uma porção a cada um, mas sim que compartilhe o como se prepara, como se come, qual é sua história. E não, compartilhar dores de estômago não faz parte da vida comunitária.

O recreio.

Sim, você pode trazer uma bola, um violão, uma peça de teatro, um filme, uma história para contar. Basta lembrar: tudo no coletivo. Não, não o grupo com quem você vem, mas o seu coletivo aqui: sua família e seu Votán. Se você ouvir alguém dizer "como aquela tonelada é alegre", não pense que estão se referindo ao peso do terço de lenha ou do tambor de água. É apenas uma daquelas traduções estranhas que abundam aqui: por "tonelada" se referem a "toada". De nada.

As palavras de ordem.

"Abandone toda esperança de rima", deveria ser lido ao entrar em uma comunidade zapatista. Se alguém próximo a você está ensaiando uma "palavra de ordem" para a festa de boas-vindas ou de final de curso, e você ouve dizendo "Não e não, sim e sim, somos porreta e vamos vencer." Nem pense em dizer que assim não funciona ou que não rima, porque aí você vai ser alvejado com "Por quê? E não somos porreta mesmo? E não vamos vencer?". E no final um "Mas você me entendeu, né?"

É isso. E não se esqueça de levar três coisas básicas: algo para o frio, algo para a chuva e algo para atesourar a memória.

Das montanhas do sudeste mexicano.
Sup Marcos.
México, agosto de 2013.

O muro e a fresta[90]

Subcomandante Insurgente Galeano, 3 de maio de 2015

Primeira Nota sobre o Método Zapatista.
3 de maio de 2015.

Boa tarde, dia e noite a quem ouve e a quem lê, independentemente de seus calendários e geografias.

Meu nome é Galeano, Subcomandante Insurgente Galeano. Nasci na madrugada do dia 25 de maio de 2014, coletivamente e apesar de mim, e bem, também apesar de outros e outras. Como o resto de minhas companheiras e companheiros zapatistas, cubro o rosto quando é necessário me mostrar e me descubro para me ocultar. Apesar de ainda não ter um ano de vida, o comando me atribuiu o cargo de vigia ou sentinela num dos postos de observação desta terra rebelde.

Como não estou acostumado a falar em público, e muito menos diante de tantas e tão finas (desculpe, devem ser os soluços do pânico de palco), digo, finas pessoas, agradeço a compreensão por minha gagueira e meus repetidos tropeços na difícil e complicada arte da palavra.

Tomei o nome Galeano de um colega zapatista, um professor e organizador indígena, que foi atacado, sequestrado, torturado e assassinado por paramilitares respaldados por uma

[90] N.d.O.: originalmente intitulado *El muro y la grieta*, este texto já foi traduzido e publicado no Brasil com o título de *O muro e a fenda* (ver: SUBCOMANDANTE INSURGENTE GALEANO. *Contra a hidra capitalista*. Trad. Camila de Moura. São Paulo: n-1 edições, 2021, p. 11-40). Na edição do presente volume, escolhemos o uso do termo "fresta" – apresentado como uma opção pela tradutora Letícia Maria Gil – por concebê-lo alinhado às imagens que essa palavra evoca, bem como suas relações com os significados poéticos e políticos do texto.

suposta organização social: a Cioac-Histórica.[91] O pesadelo que acabou com a vida do companheiro professor Galeano começou na madrugada do dia 2 de maio de 2014. A partir dessa hora, nós, zapatistas, iniciamos a reconstrução de sua vida.

Por volta dessa época, a direção coletiva do EZLN decidiu matar o personagem que se autodenominava Sup Marcos, naquele momento porta-voz dos homens, mulheres, crianças e anciãos zapatistas. A partir de então, o cargo de porta-voz do Exército Zapatista de Libertação Nacional corresponde ao Subcomandante Insurgente Moisés. Por sua voz falamos, por seus olhos olhamos, nos seus passos andamos, somos ele.

Meses depois desse 2 de maio, a noite se alongou no México de baixo e deu um novo nome à já longa nomenclatura do terror: "Ayotzinapa".[92] Como tem acontecido repetidamente no mundo, uma geografia de baixo foi assim marcada e nomeada por uma tragédia planejada e executada, isto é, por um crime.

Já dissemos, na voz do Subcomandante Insurgente Moisés, o que Ayotzinapa significou e significa para nós, zapatistas. Com a sua permissão e a das minhas companheiras e companheiros chefas e chefes zapatistas, retomo as suas palavras.

[91] N.d.O.: Referência a uma das correntes da Central Independiente Obreros Agrícolas y Campesinos, organização política atuante em Chiapas desde a década de 1970. Acumulando denúncias de atuação paramilitar na região, especialmente em ataques a bases zapatistas, a CIOAC-Historica foi responsável pelo assassinato de Galeano, integrante civil das "bases de apoio" zapatistas morto na comunidade de La Realidad, no município autônomo San Pedro de Michoacán, em maio de 2014.

[92] N.d.O.: O texto se refere ao caso dos 43 estudantes de Ayotzinapa, sequestrados por criminosos e policiais do estado de Guerrero na madrugada do dia 26 de setembro de 2014. O caso deflagrou um amplo movimento em diversas partes do México e do mundo, ocasionando a realização de marchas e manifestações que exigiam justiça e esclarecimento dos fatos. Os corpos da maior parte dos estudantes seguem desaparecidos até o presente.

Ayotzinapa é dor e raiva, sim, mas não só isso. É também e sobretudo o teimoso empenho dos familiares e companheiros dos ausentes.

Algumas, alguns destes familiares que não deixaram cair a memória, nos deram a honra de compartilhar a sua presença e estão aqui conosco em terras zapatistas.

Ouvimos a palavra de Dona Hilda e Dom Mario, mãe e pai de César Manuel González Hernández, e temos a presença e palavra de Dona Bertha e Dom Tomás, mãe e pai de Júlio César Ramírez Nava. Com elas e eles temos o apelo pelos 46 ausentes.

Pedimos a Dona Bertha e Dom Tomás que façam estas palavras chegarem aos demais familiares dos ausentes de Ayotzinapa. Porque foi a luta deles que tivemos em mente para iniciar esta sementeira.

Acredito que mais de uma, um, da Sexta[93] e do EZLN, irão concordar comigo que teríamos preferido que eles não tivessem estado aqui como estão. Quer dizer, que eles sim estivessem aqui, mas não como dor e raiva, e sim como abraço companheiro. Que esse 26 de setembro nunca tivesse acontecido. Que o calendário tivesse dado uma mão companheira e pulado essa data, e que a geografia tivesse se desviado e jamais ancorado em Iguala, Guerrero, México.

Mas, se depois dessa noite de terror, a geografia se expandiu e se aprofundou, chegando aos recantos mais remotos do

[93] N.d.O.: Referência à Sexta Declaração da Selva Lacandona, emitida pelo Comando Geral do EZLN em junho de 2005. Nessa declaração, os zapatistas abandonavam definitivamente quaisquer expectativas na interlocução com os poderes institucionais (o Estado e os partidos políticos), e apresentavam um balanço de suas ações entre 2001 e 2005, como a implantação do Municípios Autônomos Rebeldes e as Juntas de Bom Governo em seus territórios. Por ser a última declaração publicada até então, a Sexta era considerada uma espécie de diretriz das ações zapatistas, e sua referência no texto aparece nesse sentido.

planeta, e se o calendário continua rendido a essa data, foi pelo empenho de vocês, pela grandeza da sua simplicidade, pela incondicionalidade da sua entrega.

Não conhecemos seus filhos. Mas conhecemos você. E nossa intenção não é outra senão que a admiração e o respeito que temos seja uma certeza para vocês, mesmo nos momentos mais solitários e dolorosos que vocês enfrentam.

É verdade, não podemos encher as ruas e praças das grandes cidades. Cada mobilização, por menor que seja, representa para as nossas comunidades uma diminuição significativa das suas economias, já difíceis em si, como a de milhões de pessoas, e sustentada até ao limite pelas rebeldias e resistências de mais de duas décadas. Nas nossas comunidades, digo, porque os nossos apoios não são a soma de individualidades, mas são ações coletivas, refletidas e organizadas. São parte da nossa luta.

Não podemos brilhar nas redes sociais, nem fazer com que as suas palavras alcancem para além dos nossos corações. Também não podemos apoiá-los financeiramente, embora saibamos bem que estes meses de luta afetaram duramente a sua saúde e condições de vida.

Acontece também que o nosso ser rebelde e em resistência é, na maioria das vezes, visto com ressentimento e desconfiança. Movimentos e mobilizações que se levantam em diversos cantos preferem que não deixemos explícita a nossa simpatia. Ainda sensíveis ao "o que vão dizer" da mídia, não querem que sua causa seja associada de forma alguma aos "encapuzados de Chiapas." Nós entendemos, não questionamos. O nosso respeito pelas rebeldias que fervilham no mundo inclui o respeito pelas suas avaliações, pelos seus passos, pelas suas decisões. Respeitamos, sim, mas não ignoramos.

Estamos atentos a cada uma das mobilizações que enfrentam o sistema. Procuramos compreendê-las, ou seja, conhecê-las. Somos sabedores de que o respeito nasce do conhecimento e que o medo e o ódio, essas duas faces do desprezo, não raramente nascem da ignorância.

Embora a nossa luta seja pequena, algo aprendemos nestes anos, décadas, séculos. E é isto que queremos dizer a vocês:

Não acredite em quem diz que a sensibilidade e a simpatia, o apoio, se mede em ruas abarrotadas, em praças lotadas, em grandes templos, em quantidade de câmeras, microfones, manchetes jornalísticas, tendências nas redes sociais.

A imensa maioria no mundo, não só no nosso país, é como vocês, irmãs e irmãos familiares dos ausentes de Ayozinapa. Pessoas que têm que lutar dia e noite por um pedaço de vida. Pessoas que devem lutar para arrancar algo da realidade para se sustentarem.

Qualquer pessoa de baixo, homem, mulher, que conheça a história que dói a vocês, simpatiza com a sua luta para exigir a verdade e a justiça. Compartilham dela porque nas suas palavras veem a repetição das suas histórias, porque se reconhecem na sua dor, porque se identificam com a sua raiva.

A maioria não saiu para marchar, não se manifestou, não criou temas nas redes sociais, não quebrou vidros, não incendiou veículos, não gritou palavras de ordem, não usurpou templos, não disse que vocês não estão sozinhas, sozinhos.

Não o fizeram simplesmente porque não puderam fazê-lo.

Mas ouviram e respeitaram o seu movimento.

Não desfaleçam.

Não acreditem, embora quem estivesse antes ao seu lado tenha ido embora, depois de cobrarem sua parte ou ver que não poderiam cobrá-la, que a sua causa seja menos dolorosa, menos nobre, menos justa.

O caminho que percorreram até agora foi intenso, é verdade. Mas vocês sabem que ainda há um longo caminho a percorrer.

Sabe, uma das enganações de cima é convencer os de baixo de que o que não se consegue rápida e facilmente não se consegue nunca. Nos convencem de que lutas longas e difíceis apenas cansam e não levam a nada. Manipulam o calendário de baixo sobrepondo a ele o calendário de cima: eleições, comparecimentos, reuniões, compromissos com a história, datas comemorativas que só escondem a dor e a raiva.

O sistema não teme as explosões sociais, por mais massivas e luminosas que sejam. Se um governo cair, tem outros no seu gabinete para substituir e impor. O que o aterroriza é a perseverança da rebeldia e da resistência de baixo.

Porque embaixo o calendário é outro. O passo é outro. A história é outra. A dor é outra e a raiva é outra.

E agora, com o passar dos dias, esse embaixo disperso e plural que somos, não só está mais atento apenas à sua dor e à sua raiva. Estamos também atentos à sua persistência, ao seu seguir, à sua não desistência.

Acreditem em nós. A sua luta não depende do número de manifestantes, do número de artigos jornalísticos, do número de menções nas redes sociais, do número de turnês a que são convidados.

A luta de vocês, a nossa luta e as lutas de baixo em geral dependem da resistência. De não se render, de não se vender, não desistir.

Bem, claro, isso segundo nós, zapatistas. Haverá pessoas que dirão outras coisas para vocês. Dirão que é mais importante estar com eles, elas. Por exemplo, que é mais importante convocar para votar neste ou naquele partido político porque assim encontrarão os ausentes. E se não convocarem ao voto neste ou naquele partido, não só terão perdido A oportunidade de recuperar aqueles que fazem falta para vocês como também serão cúmplices do terror contínuo no nosso país.

Vocês veem como há partidos políticos que se aproveitam das necessidades materiais das pessoas? O que oferecem: mantimentos, material escolar, cartões, ingressos de cinema, baldes, gorros, bolos e água pintada em embalagens tetra pak? Pois bem, também há quem se aproveite das necessidades sentimentais das pessoas. A esperança, amigos e inimigos, é a necessidade mais valorizada lá em cima. A esperança de que tudo vai mudar, de que agora sim vêm aí o bem estar, a democracia, a justiça, a liberdade. A esperança que os iluminados de cima arrebatam dos fodidos de baixo e depois vendem. A esperança é que a solução para as demandas esteja na cor de um dos produtos do armário do sistema.

Talvez sejam pessoas que sabem mais que nós, zapatistas. São sábios, sábias. E mais, cobram por saber. O conhecimento é sua profissão, disso que vivem, ou com isso que cometem fraudes.

Vocês veem que eles sabem mais e, referindo-se a nós, dizem que estamos "Perdidos aí, nas montanhas, sabe-se lá onde", e dizem que apelamos à abstenção e que somos sectários (talvez porque, ao contrário deles, nós, sim, respeitamos nossos mortos).

Ah! É tão cômodo dizer e repetir ocorrências e mentiras! É tão barato difamar e caluniar, e depois pregar a unidade, o principal inimigo, a infalibilidade do pastor, a incapacidade do rebanho.

Há muitos anos, as zapatistas, os zapatistas, não fazíamos marcha, não gritávamos palavras de ordem, não levantávamos cartazes nem erguíamos os punhos. Até que uma vez marchamos. A data: 12 de outubro de 1992, quando lá em cima comemoravam quinhentos anos do "Encontro de dois mundos". Local: San Cristóbal de Las Casas, Chiapas, México. Em vez de cartazes, levávamos arcos e flechas, e um silêncio surdo foi a nossa palavra de ordem.

Sem muito barulho, a estátua do conquistador caiu. Se eles a levantaram de novo, não importa. Nunca conseguirão levantar novamente o terror que ela representava.

Alguns meses depois, voltamos às cidades. Dessa vez também não levamos palavras de ordem ou faixas, e não levamos arcos e flechas. Essa manhã cheirava a fogo e pólvora. E foram nossos rostos que se ergueram.

Meses depois vieram algumas e alguns da cidade. Nos contaram sobre as grandes marchas, as palavras de ordem, as faixas, os punhos erguidos. Claro, acrescentando sempre que se estes pobres indiozinhos e indiazinhas que somos, porque se preocupavam com a igualdade de gênero, sobrevivemos, foi graças a eles e elas, que na cidade detiveram o genocídio dos primeiros dias daquele ano de 1994. As zapatistas, os zapatistas, não perguntam se não houve genocídio antes de 1994, nem se o mesmo já tinha parado, nem se as pessoas da cidade estavam falando sobre algo que havia acontecido ou lidando com as consequências de outras coisas. Nós, zapatistas, entendemos que havia outras formas de lutar.

Depois fizemos nossas marchas, nossas palavras de ordem, nossas faixas e erguemos os punhos. Desde então, nossas marchas são um pálido reflexo daquela marcha que iluminou a madrugada do ano de [19]94. Nossas palavras de ordem têm a rima desordenada das canções dos acampamentos guerrilheiros das montanhas. Nossas faixas são trabalhosamente elaboradas porque batalham para encontrar equivalentes ao que em nossas línguas é descrito em uma palavra, e em outros idiomas são necessários três volumes de *O capital*. Nossos punhos erguidos saúdam em vez de desafiar. Como se estivessem direcionados ao amanhã e não ao presente.

Mas algo não mudou: os nossos rostos continuam erguidos.

Anos depois, os nossos autoproclamados credores da cidade exigiram que participássemos das eleições. Não entendemos, porque nós nunca exigimos que eles pegassem em armas, ou que resistissem, ou que se rebelassem contra o mau governo, ou que honrassem seus mortos na luta. Não exigimos que cobrissem o rosto, que negassem seu nome, que abandonassem sua família, sua profissão, suas amizades, nada. Mas os conquistadores modernos, vestidos como esquerdistas progressistas, nos ameaçaram: se não os seguíssemos, nos deixariam sozinhas, sozinhos, e seríamos os culpados pela direita reacionária ser o governo. Devíamos a eles, disseram, e apresentaram a conta para pagar impressa em uma cédula eleitoral.

Nós, zapatistas, não entendemos. Nós nos levantamos para mandarmos nós mesmas, nós mesmos, não para que outra pessoa nos mande. Eles ficaram bravos.

Tempos depois, os da cidade continuam marchando, gritando palavras de ordem, levantando punhos e faixas, e agora adicionam tuítes, *hashtags*, *likes*, *trending topics*, *followers*, em seus partidos políticos estão as mesmas pessoas que ainda ontem eram a direita reacionária, em suas mesas se sentam juntos e discutem os assassinos e os familiares dos assassinados, riem e brindam juntos pelo pagamento que obtiveram, lamentam e choram juntos pelos cargos perdidos.

Enquanto isso, nós, zapatistas, às vezes também marchamos, gritamos palavras de ordem impossíveis ou ficamos em silêncio, às vezes levantamos faixas e punhos, e sempre o olhar. Dizemos que não nos manifestamos para desafiar o tirano, mas para saudar aqueles que, noutras geografias e calendários, o confrontam. Para desafiá-lo, construímos. Para desafiá-lo, criamos. Para desafiá-lo, imaginamos. Para desafiá-lo, crescemos e nos multiplicamos. Para desafiá-lo, vivemos. Para desafiá-lo, morremos. Em vez de tuítes, fazemos escolas e clínicas, em vez de *trending topics*, festas para celebrar a vida derrotando a morte.

Na terra dos credores da cidade continua a mandar o amo, com outra cara, com outro nome, com outra cor.

Na terra zapatista, o povo manda, e o governo obedece.

Talvez seja por isso que não entendemos que tínhamos que ser os seguidores, e os líderes da cidade, os seguidos.

E ainda não entendemos.

Mas pode ser que sim, que a verdade e a justiça que vocês e nós buscamos seja alcançada graças à dádiva de um líder rodeado de pessoas tão inteligentes quanto ele, um salvador, um amo, um chefe, um patrão, um pastor, um governante, e todos com apenas o mínimo esforço de uma cédula em uma urna, com um tuíte, com uma presença na marcha, no comício, na lista de filiados. Ou permanecendo em silêncio diante da farsa que simula interesse patriótico onde só há desejo de poder.

Se sim ou não, é o que talvez nos digam outros pensamentos nesta sementeira.

O que nós, zapatistas, aprendemos é que não. Que de cima só vêm a exploração, o roubo, a repressão e o desprezo. Ou seja, de cima só vem a dor.

E lá de cima eles demandam, exigem que os sigam: que vocês devem a eles que sua dor seja mundialmente conhecida; que vocês devem a eles as praças lotadas, as ruas cheias de cor e engenhosidade; que vocês devem a eles o trabalho da polícia cidadã que apontou, perseguiu e satanizou os "anarco-infiltrados-fuchi-guácala"; que vocês devem a eles as manifestações bem comportadas, as matérias jornalísticas, as fotos coloridas, as resenhas favoráveis e as entrevistas.

Nós, zapatistas, apenas dizemos:

Não tenham medo de ficar apartados de quem nunca esteve verdadeiramente com vocês. São elas e eles que não os merecem. Encaram sua dor como um espetáculo alheio, do qual gostam ou não gostam, mas do qual nunca serão parte real.

Não temam ser abandonados por quem não pretende acompanhar e apoiar vocês, mas sim administrar, domesticar, render, usar e, depois, descartar vocês.

Temam, sim, esquecer sua causa, deixar cair sua luta.

Mas enquanto se mantiverem, enquanto resistirem, terão o respeito e a admiração de muita gente no México e no mundo.

Pessoas como quem está aqui conosco hoje.

Como Adolfo Gilly.[94]

[94] N.d.O.: Adolfo Gilly foi um intelectual e ativista argentino. Sua obra, dedicada aos movimentos sociais e políticos latino-americanos, manteve profunda interlocução com as suas atividades militantes, vinculadas por décadas ao trotskismo da Quarta Internacional. A partir da década de 1970, Gilly se instalou no México, onde é reconhecido como um dos mais renomados intérpretes marxistas da Revolução Mexicana. Pouco tempo após o levante zapatista de 1994, aproximou-se e acompanhou o EZLN, participando já em 1996 do I Encontro Intercontinental pela Humanidade e contra o Neoliberalismo. Faleceu em 2023.

O que direi agora não ia ser dito. A razão? Que inicialmente tanto Adolfo Gilly como Pablo González Casanova[95] disseram que talvez não estariam presentes, ambos por problemas de saúde. Mas aqui está Adolfo, e agora pedimos que ele conte esta parte a Dom Pablo mais tarde.

O finado Sup Marcos contou que uma vez alguém questionou porque o EZLN dava tanta atenção a Dom Luis Villoro,[96] Dom Pablo González Casanova e Dom Adolfo Gilly. O argumento provocador se baseava nas diferenças que essas três pessoas mantinham em relação ao zapatismo e, por outro lado, que não tinham a mesma deferência por intelectuais que eram cem por cento zapatistas. Imagino que o Sup acendeu o cachimbo e então explicou: "Em primeiro lugar, as suas diferenças não são com o que é o zapatismo, mas com as valorações, análises ou posições que o zapatismo assume sobre vários assuntos. Em segundo lugar, eu pessoalmente vi estas três pessoas na frente das minhas companheiras e companheiros chefes. Aqui já vieram intelectuais de grande

[95] N.d.O.: Pablo González Casanova foi um sociólogo mexicano, com uma extensa trajetória dedicada à intepretação das estruturas políticas do México. Foi reitor da Universidad Nacional Autónoma de México (Unam) entre 1970 e 1972, e no ano de 2003, foi condecorado pela Unesco com o Prêmio Internacional José Martí, por sua atuação em defesa dos povos indígenas da América Latina. Pouco tempo após o levante zapatista de 1994, Casanova estabeleceu um vínculo profícuo com o EZLN, que se manteria ao longo das décadas seguintes. No ano de 2018, aos 96 anos de idade, foi nomeado Comandante Pablo Contreras pelo Comitê Clandestino Revolucionário Indígena, Comando Geral do EZLN. Faleceu em 2023 aos 102 anos de idade.

[96] N.d.O.: Luis Villoro foi um filósofo catalão, radicado no México desde a década de 1940, onde trabalhou ao longo de toda sua vida. Assim como Adolfo Gilly e Pablo González Casanova, Villoro foi um dos destacados intelectuais que apoiaram e respaldaram – teoricamente e na prática – a luta do EZLN desde os primeiros momentos após o levante de 1994. Faleceu em 2014.

prestígio e, bom, alguns nem tanto. Eles chegaram e disseram a sua palavra. Poucos, muito poucos, falaram com as comandantas e os comandantes. Somente diante dessas três pessoas vi meus chefes e chefas falarem e ouvirem de igual para igual, com confiança e camaradagem mútuas. Como eles fizeram isso? Bom, você precisaria perguntar a eles. O que sei é que isso é difícil, que conseguir a palavra e o ouvido de minhas companheiras e companheiros, chefes e chefas, com respeito e carinho, custa muito. Em terceiro lugar, você se engana se pensa que como zapatistas procuramos espelhos, vivas e aplausos. Nós apreciamos e valorizamos as diferenças de pensamentos, é claro, se forem pensamentos críticos e articulados, e não essas bobagens que agora abundam no progressismo culto. Nós, zapatistas, não estipulamos o valor de um pensamento por coincidir ou não com o nosso, mas sim por nos fazer pensar ou não, se nos provoca ou não, mas sobretudo, se dá conta cabal da realidade. Estas três pessoas mantiveram, é verdade, posições diferentes e até contrárias às nossas em diversas situações."

Nunca, nunca estiveram contra nós. E, apesar dos altos e baixos da moda, estiveram do nosso lado.

Os seus argumentos contrários e, não raro, contraditórios aos nossos, não nos convenceram, é verdade, mas nos ajudaram a compreender que existem posições diversas e pensamentos diferentes, e que é a realidade que sanciona, e não um tribunal autoerguido, seja na academia, seja na militância. Provocar o pensamento, a discussão, o debate é algo que nós, zapatistas, valorizamos muito.

É por isso a nossa admiração pelo pensamento anarquista. É claro que não somos anarquistas, mas suas proposições são das que provocam e encorajam, das que fazem pensar.

E, acredite, o pensamento crítico ortodoxo, por assim dizer, tem muito a aprender nesse aspecto, mas não só nisso, com o pensamento anarquista. Para dar um exemplo, a crítica ao Estado como tal é algo que no pensamento anarquista já tem muito caminho andado.

Mas voltando aos três malditos, quando qualquer um de vocês puder se sentar diante de qualquer uma das minhas companheiras e companheiros sem que elas e eles temam a sua zombaria, o seu veredicto, a sua condenação; quando conseguirem ser tratados com igualdade e respeito; que os vejam como companheiros e companheiras e não como juízes estranhos; que se acarinhem de vocês, como dizem aqui; ou quando o pensamento de vocês, coincidente ou não com o nosso, nos ajude a descobrir o funcionamento da Hidra; nos leve a novas questões; convide a novos caminhos; nos faça pensar; ou quando conseguirem explicar ou provocar a análise de um aspecto concreto da realidade; então, e só então, verão que temos para vocês a mesma rara atenção que podemos dar. Enquanto isso, o Sup Marcos acrescentou com esse humor ácido que o caracterizava, abandonem esse ciúme heteropatriarcal, globalista, reptiliano e illuminati.

Lembrei aqui desta anedota que o Sup Marcos me contou, porque há alguns meses, quando uma delegação de familiares que lutam pela verdade e justiça para Ayotzinapa nos visitou, um dos pais nos contou sobre uma reunião que tiveram com o mau governo. Não me lembro agora se foi a primeira. Esse Dom Mario contou que os funcionários chegaram com os papéis e a burocracia, como se estivessem atendendo a uma mudança de placas e não a um caso de desaparecimento forçado. Os familiares ficaram inseguros e revoltados e queriam dizer a sua palavra, mas o burocrata responsável alegou que só os indicados podiam falar e os intimidava. Dom Mario conta que estavam acompanhados por um homem de idade já, "de juízo", diriam as zapatistas. Esse homem, sem que ninguém esperasse, bateu com a mão na mesa e levantou a voz exigindo que fosse dada a palavra aos familiares que quisessem falar. Dom Mario nos disse, conversa vai, conversa vem, "Aquele senhor não teve medo, e tirou nosso medo também e falamos, e desde então não paramos mais." Esse homem que, inflamado de raiva, enfrentou a apatia do governo, poderia ter sido uma mulher, ou outra pessoa, e tenho a certeza de que qualquer um de vocês teria feito o mesmo ou algo semelhante nessas circunstâncias, mas no caso foi esse que se chama Adolfo Gilly.

Compas familiares:

É a isso que nos referimos quando dizemos que tem pessoas que estão com vocês sem vê-los como uma mercadoria para comprar, vender, trocar ou roubar.

E como ele tem outras, outros, que só não batem na mesa porque não têm uma na frente, se não, esperem e vão ver.

Como zapatistas que somos, também aprendemos que nada do que merecemos e necessitamos é conseguido com facilidade ou rapidez.

Porque a esperança para o de cima é uma mercadoria, sim. Mas para o de baixo é uma luta por uma certeza: vamos conseguir o que merecemos e precisamos porque estamos nos organizando e lutando por isso.

Nosso destino não é a felicidade. Nosso destino é lutar, lutar sempre, a qualquer hora, em todo momento, em todos os lugares. Não importa que o vento não esteja favorável. Não importa que tenhamos o ar e tudo contra nós. Não importa que venha a tormenta.

Porque, acreditem ou não, os povos originários são especialistas em tormentas. E estão aí, E aqui estamos. Nós nos chamamos zapatistas. E há mais de trinta anos pagamos o custo de nos nomearmos assim, na vida e na morte.

O muito que temos, ou seja, a nossa sobrevivência apesar de tudo e apesar de todos os de cima que já aconteceram nos calendários e nas geografias, não devemos a individualidades. Devemos à nossa luta coletiva e organizada.

Se alguém perguntar a quem os zapatistas, as zapatistas, devem a sua existência, a sua resistência, a sua rebeldia, a sua liberdade, dirá a verdade quem responder: "NINGUÉM."

Porque é assim que o coletivo anula a individualidade que suplanta e impõe, fingindo que representa e orienta.

Por isso dissemos a vocês, familiares da busca pela verdade e justiça, que quando todos saírem do seu lado, sobraremos NINGUÉM.

Uma parte desse NINGUÉM, talvez a menor, somos nós, zapatistas. Mas há mais, muito mais.

NINGUÉM é quem faz girar a roda da história. NINGUÉM trabalha a terra, opera as máquinas, constrói, trabalha, luta.

NINGUÉM é quem sobrevive à catástrofe.

Mas talvez estejamos errados, erradas, e o caminho que oferecem a vocês é o que realmente funciona. Se vocês assim acreditarem e assim decidirem, não esperem daqui um julgamento condenatório, nem repúdio, nem desprezo. Ainda terão nosso carinho, nosso respeito, nossa admiração.

Familiares dos ausentes de Ayotzinapa:

É muito o que não podemos fazer, o que não podemos dar a vocês.

Mas, por outro lado, temos uma memória forjada em séculos de silêncio e abandono, na solidão, no lugar do agredido por cores distintas, por diferentes bandeiras, por línguas diversas. Sempre pelo sistema, a porra do sistema que existe sobre nós. O sistema que é às nossas custas.

E talvez memórias teimosas não encham praças, não ganhem e nem comprem cargos governamentais, não tomem palácios nem queimem veículos, não quebrem vidros nem ergam monumentos nos museus efêmeros das redes sociais.

As memórias teimosas só não esquecem, e por isso lutam.

As praças e ruas se esvaziam, os cargos e os governos terminam, os palácios desmoronam, os veículos e as janelas são repostos, os museus mofam, as redes sociais correm de um lado para o outro demonstrando que a frivolidade, assim como o capitalismo, pode ser massiva e simultânea.

Mas chegam momentos, compas, familiares dos ausentes, em que a memória é a única coisa que se tem.

Nesses momentos, saibam que vocês também têm a nós, zapatistas do EZLN.

Porque devemos dizer a vocês que a memória tenaz dos zapatistas, das zapatistas, é outra. Não traz somente notas das dores e as raivas passadas, desenhando no caderno os mapas de calendários e geografias que foram esquecidos em cima.

O MURO E A FRESTA.

Como zapatistas que somos, nossa memória também se volta para o que está por vir. Aponta datas e locais.

Se não tem um ponto geográfico para o amanhã, começamos a juntar galhinhos, pedrinhas, trapos de roupas e carne, ossos e barro, e iniciamos a construção de uma ilhota, ou melhor, de um barco plantado no meio do amanhã, lá onde agora apenas se vislumbra uma tormenta.

E se não tem uma hora, um dia, uma semana, um mês, um ano no calendário conhecido, então começamos a juntar frações de segundos, minutos apenas, e vamos colando pelas frestas que abrimos no muro da história.

E se não tem frestas, a gente vai e abre arranhando, mordendo, chutando, batendo com as mãos e a cabeça, com o corpo inteiro até conseguirmos dar à história essa ferida que somos.

E então acontece que alguém passa por perto e nos vê, vê a zapatista, o zapatista, batendo forte contra o muro.

Quem passa assim na nossa frente às vezes é quem pensa que sabe. Para por um momento, balança a cabeça em desaprovação, julga e sentencia: "Assim nunca vão derrubar o muro."

Mas, às vezes, muito ocasionalmente, passa a outra, o outro que para, vê, entende, olha os pés, as mãos, os punhos, os ombros, o corpo. E escolhe. "Aqui está bom", poderíamos ouvir se o seu silêncio fosse audível, enquanto faz uma marca no muro imóvel. E começa a bater.

Quem pensa que sabe, volta, uma vez que seu caminho é sempre de ida e volta, como se estivesse passando revista em seus súditos. Agora vê o outro na mesma tarefa estúpida. Calcula que já tem gente suficiente para ouvi-lo, aplaudi-lo, aclamá-lo, votar nele, segui-lo. Fala muito, diz pouco: "assim nunca vão derrubar esse muro, é indestrutível, é eterno, é interminável." Quando considera que é oportuno, conclui: "O que vocês deveriam fazer é ver como administrar o muro, trocar a guarda, tentar fazer ele um pouco mais justo, gentil. Eu prometo abrandar ele. De qualquer forma, estaremos sempre deste lado. Se continuarem assim, só estão fazendo o jogo da atual administração, do governo, do Estado, do que quer que seja, a diferença não importa porque o muro é o muro e sempre, estão ouvindo?, sempre estará aí."

Talvez alguém mais se aproxime. Observe em silêncio e conclua: "em vez de insistirem contra o muro, deveriam entender que a mudança está em si mesmo, basta pensar positivamente. Olha, que coincidência, tenho aqui essa religião, moda, filosofia, álibi que vai servir. Não importa se é velha ou nova. Vem, me segue."

Para isto, quem está dando duro contra o muro já está mais organizado, se tornam coletivos, times, se substituem, se revezam. Nos times tem gordos, magros, altos e baixos; tem sujos, feios, maus e grosseiros; tem uns teimosos, tem bestas, tem os com as mãos endurecidas pelo trabalho, tem os que, sejam mulheres ou homens, dão os ombros, o corpo, a vida.

Trabalhando duro com o que podem.

Tem quem tem um livro, pincel, um violão, um toca-discos, um verso, uma enxada, um martelo, uma varinha mágica, uma lapiseira. Nossa, tem até quem bate no muro com um *pas de chat*.[97] E bom, vira o que vira porque o baile contagia. E alguém traz uma marimba, um teclado ou uma bola e aí os turnos... Bom, vocês podem imaginar.

Claro, o muro não está nem aí. Permanece impávido, poderoso, imutável, surdo, cego.

[97] N.d.T.: Passo de balé.

E aparecem os meios de comunicação pagos: tiram fotos, vídeos, entrevistam eles mesmos, consultam especialistas. A especialista tal-qual, cuja virtude é ser de outro país, declara, com olhar transcendente, que a composição molecular da matéria que dá corporeidade ao muro é tal, e que para derrubá-la nem com uma bomba atômica, e que, portanto, o que o zapatismo faz é completamente improdutivo e acaba sendo cúmplice do próprio muro (já em *off*, a especialista pediu à pessoa que está fazendo a entrevista que mencione seu único livro, quem sabe assim vende).

O desfile de especialistas continua. A conclusão é unânime: é um esforço inútil, assim nunca vão derrubar o muro. De repente, a mídia corre para entrevistar quem oferece uma administração "mais humana" do muro. O tumulto das câmeras e dos microfones produz um efeito curioso: quem não tem argumentos nem seguidores, parece ter muito de ambos. Grande e comovente discurso. Aí está a nota. A mídia paga sai, porque ninguém estava prestando atenção no que o candidato, o líder ou o sábio dizia, mas sim em seus próprios telefones, que, óbvio, pelo menos são mais inteligentes que o entrevistado ou entrevistada, tem só um terremoto aqui, descobriram que funcionário tal era corrupto, James Bond chegou ao Zócalo,[98] a luta do século atraiu milhões, talvez porque pensaram que era uma luta entre explorados e exploradores.

À zapatista, ao zapatista, ninguém pergunta. Se perguntassem, talvez não respondessem. Ou talvez dissessem

[98] N.d.O.: O Zócalo corresponde à Plaza de la Constitución, no coração da Cidade do México. Erguida propositalmente pelos conquistadores espanhóis sobre o centro do poder político de Tenochtitlán, ao longo dos séculos acumulou significados vinculados à política mexicana: na praça está localizado o Palacio Nacional, sede do governo do México, e manifestações com pautas diversas frequentemente se realizam no local.

o motivo do seu empenho absurdo: "Se quero derrubar o muro, basta abrir uma fresta."

Não foi nos livros já escritos, mas naqueles que ainda não foram escritos mas já são lidos por gerações, que as zapatistas, os zapatistas, aprenderam que se você parar de arranhar a fresta, ela se fecha. O muro se restaura sozinho. Por isso é preciso continuar sem descanso. Não só para alargar a fresta, mas para que ela não se feche.

A zapatista, o zapatista, também sabe que o muro muda de aparência. Às vezes é como um grande espelho que reproduz a imagem da destruição e da morte, como se não fosse possível outra coisa. Às vezes se pinta de agradável e aparece como uma paisagem plácida em sua superfície. Em outras é duro e cinza, como que para convencer da sua solidez impenetrável. Mas, na maioria das vezes, o muro é um grande letreiro onde se repete "P-R-O-G-R-E-S-S-O."

O zapatista, a zapatista sabe que é mentira. Sabe que o muro nem sempre esteve lá. Conhece como ele se levantou. Sabe como funciona. Conhece seus enganos. E também sabe como destruí-lo.

Não se preocupa com a suposta onipotência e eternidade do muro. Sabe que ambas são falsas.

Agora o importante é que a fresta não se feche, mas que se alargue.

Porque o zapatista, a zapatista também sabe o que tem do outro lado do muro.

Se perguntassem, responderia "nada", mas sorriria como se dissesse "tudo".

Num dos revezamentos, os Tercios Compas, que não são da mídia, nem livres, nem autônomos, nem alternativos, nem como queiram chamar, mas são compas, interrogam com severidade quem bate.[99]

"Se você diz que não há nada do outro lado, por que quer fazer uma fresta no muro?"

"Para olhar", responde a zapatista, o zapatista, sem parar de arranhar.

"E para que você quer olhar?", insistem os Tercios Compas que, já que todos os meios de comunicação se foram, são os únicos que permanecem. E para ratificar, usam em suas camisas a legenda "Quando a mídia sai, ficam os tercios." E, claro, ficam um pouco incomodados porque são os únicos que estão perguntando em vez de dar no muro com a câmera ou o gravador ou o finalmente-descobri-para-que-caralho-serve-essa-porra-de-tripé.

Os Tercios perguntam de novo, faltava mais. Mesmo que seja o quem venha à cabeça, porque o gravador já tinha sumido, da câmera melhor nem comentar, e o tripé já virou uma centopeia. Então repete: "E para que você quer olhar?"

[99] Nota e tradução do organizador: No ano de 2014, diversas atividades zapatistas passaram a contar com a cobertura de Los Tercios Compas, um agenciamento de meios e militantes da comunicação zapatista que passavam a assinar sob este termo, prescindindo de créditos individuais. Certa definição sobre suas atividades seria apresentada em uma nota publicada em 5 de agosto de 2014: "[...] um coletivo disperso no calendário e na geografia, que seria completamente anônimo não fosse o fato de que a cada um de seus integrantes os delata sua irreverente rebeldia. São os mass media do EZLN e funcionam sempre que possível, o que é bem de vez em quando. [...] Inclui gente que trabalha e revisa textos e imagens, que o fazem pelo ciberespaço, retirando, colocando, e às vezes com êxito, conseguindo publicar algo razoavelmente compreensível". Ver em: "Homenaje al compañero David Ruiz Garcia en el marco de la Compartición entre Pueblos Originarios y los Pueblos Zapatistas". *Enlace Zapatista*, 5 ago. 2014. Disponível em: https://enlacezapatista.ezln.org.mx/2014/08/05/homenaje-al-companero-david-ruiz-garcia-en-el-marco-de-la-comparticion-entre-pueblos-originarios-y-los-pueblos-zapatistas/.

"Para imaginar tudo o que pode ser feito amanhã", responde.

E quando disse "amanhã" podia muito bem estar se referindo a um calendário perdido num futuro por vir. Podiam ser milênios, séculos, décadas, quinquênios, anos, meses, semanas, dias ou já amanhã? Amanhã? Amanhã amanhã? Sério? Não zoa, eu nem penteei o cabelo!

Mas nem todos, todas, só passaram.

Nem todas, todos, passaram e julgaram, absolvendo ou condenando.

Houve, são poucos, muito poucos, que mal cabem nos dedos de uma mão.

Estiveram lá, calados, observando.

E continuam.

Só de vez em quando emitem um "hum" que é muito semelhante ao que expressam os mais antigos dos moradores das nossas comunidades.

Ao contrário do que se possa pensar, o "hum" não significa desinteresse ou desapego. Nem desaprovação ou acordo. É mais um "estou aqui, te escuto, te olho, continue."

Esses homens e mulheres já são de idade, "de juízo", dizem os compas quando se referem aos mais velhos, apontando que os calendários desfolhados na luta dão razão, saber e discrição.

Entre esses poucos, havia um, há um. Às vezes esse um se junta às partidas de futebol que o comando antimuro organiza para continuar batendo, mesmo que então seja numa bola, e depois seja no teclado da marimba.

Como de costume nesses jogos, ninguém pergunta nomes. O jogador ou a jogadora não se chama João, ou Joana, ou Krishna, não. É a posição que você ocupa que lhe dá nome. "Se liga, gol! Passa, volante! Segura, defesa! Vai, atacante! Aqui, atacante!". Se escuta na algazarra do pasto, com as vacas indignadas porque o vaivém dos times arruína a sua comida.

Numa beirada, uma menina inquieta tenta calçar botas de borracha que, fica evidente, são grandes demais para ela.

"E você, como se chama?", pergunta o homem à menina.

"Eu? Defensa Zapatista", diz a menina e faz sua melhor cara de "se você não quer morrer, cai fora."

O homem sorri. Ele não ri escancaradamente. Só sorri.

A menina, é claro, está recrutando elementos para desafiar quem perder.

Sim, porque aqui, quando o time vence, vai bater no muro. E o time que perde continua jogando, "até aprender", dizem.

A menina já tem parte do time e mostra para o homem.

"Esse é o atacante", diz apontando para um cachorrinho cuja cor é indefinida devido às crostas de lama e que mexe o rabo entusiasmado. "Ele corre e de repente para, vai e vai, até lá", e a menina aponta para o horizonte que o muro esconde.

"Ele só precisa não esquecer da bola", diz quase como se desculpando, "porque aí vai para outro lado; a bola vai para lá, e o cachorrinho atacante vai para o outro lá".

"Esse é goleiro ou zelador também, dizem, eu acho", agora apresentando um velho cavalo velho.

"Meu trabalho", explica a menina, "é que a bola não passe, porque olhe ele, ele é caolho, está faltando um olho, o direito, por isso ele só olha para baixo e para a esquerda e se o chute vem da direita, nem percebe".

"E bom, agora não tá todo o time. Falta o gato… Bem, na verdade é cachorro. Bem outro o esse-como-se-chama, é cachorro, mas mia, é gato, mas late. Procurei no livro de herbologia como se chama um animalzinho assim. Não encontrei. O Pedrito disse que o Sup disse que se chama gato-perro".[100]

"Mas você não tem que acreditar muito no Pedrito porque...". A menina se vira de um lado para o outro para ver se não tem ninguém por perto escutando, e diz ao homem em segredo "esse Pedrito vai para o América",[101] então, já com mais confiança: "O pai dele torce para o Chivas[102] e fica bravo. Se brigam, a mãe dele dá um chega pra lá nos dois e eles param, mas o Pedrito fica falando que a liberdade segundo as sapatilhas[103] e sei lá mais o que".

"É zapatistas", corrige o homem. A menina nem liga, Pedrito deve a ela e tem que pagar.

"Bom, seja lá como você se chame, aquele gato-perro, você deve pensar, será que sabe jogar?"

"Sabe", ela responde a si mesma.

"Como o inimigo não vê se é cachorro ou gato, corre rápido de um lado para o outro e zás! Aí sai o gol. Outro dia quase vencemos, mas a bola caiu no mato, e aí chegou a hora do pozol, e a partida foi suspensa. Bom, digo para você, esse gato-perro, seja-lá-o-nome, sabe das coisas. Bem outro esse gato-perro, tem o olho amarelo, assim."

[100] N.d.O.: em português "gato-cão". Optamos por manter o nome original, visto que se trata de um personagem amplamente difundido do imaginário textual zapatista.

[101] N.d.O.: o Club de Fútbol América é uma das mais destacadas e populares equipes do futebol profissional mexicano.

[102] N.d.O.: referência ao Club Deportivo Guadalajara, popularmente conhecido por seu apelido "Chivas". Sendo um dos clubes mais destacados e populares do futebol profissional mexicano, é considerado um dos principais rivais do América.

[103] N.d.O.: no original, "*la libertad según las zapatillas*". Aqui há um jogo bem-humorado de palavras: Pedrito confunde "*zapatillas*" (sapatilhas) e "zapatistas". Na tradução, essa confusão do personagem fica menos evidente.

O homem ficou congelado. A menina descreveu uma cor com suas mãozinhas. O homem rodou mundos e tristezas, mas não tinha encontrado alguém que descrevesse uma cor com um gesto. Mas a menina não está aqui para ministrar cursos de fenomenologia das cores e continua falando.

"Mas ele não está agora, o gato-perro", diz com tristeza, "acho que virou padre porque dizem que foi para um seminário contra o maldito capitalismo cabeção. Você sabe como funciona esse maldito capitalismo cabeção? Bom, olha, vou lhe falar da política. Acontece que o maldito sistema não morde você só de um lado, morde onde quiser, fica ferrando você. O maldito sistema morde tudo, devora tudo e se já engordou muito, masca que nem chiclete e retoma o banquete. Quer dizer, para que você me entenda, o maldito capitalismo é um saco sem fundo. Por isso eu disse para esse gato-perro, para que ir ser padre num seminário? E por acaso ele obedece? Você acha que um gato-perro vai ser padre? Não, né? Nem por muitos gols, nem por muito olho amarelo. Você vai deixar que um gato-perro lhe faça um casamento, mesmo que tenha olho amarelo, não, né verdade? Por isso, quando eu e meu marido, a gente se casar, nada de padre, só com o município autônomo e daí para o baile, ou então, nem isso. Só as autorizações para que não fiquem falando mal. Somos só eu e meu seja-lá-como-se-chame, e se marido não servir de muita coisa, nada de ficar criando cobra.[104] É o que diz minha avó, ela já está mais velha, mas lutou no primeiro de janeiro de 1994. Você não sabe o que aconteceu no dia 1º de janeiro de 1994?

[104] N.d.T.: No original, "*a volar cuervos que te sacarán los ojos*" (em tradução literal, "voem corvos que tirarão teus olhos" é uma uma alusão ao dito popular "*cría cuervos y te sacarán los ojos*" (em tradução literal, "crie corvos e tirarão seus olhos"), que alerta para o cuidado de não manter relações que resultarão em ingratidão e/ou traição.

Ah, então já, já vou cantar para você uma música que diz tudo certinho. Agora não, porque de repente é a nossa vez de jogar e temos que estar prontas. Mas para não ficar pendente lhe digo que esse dia dissemos à porcaria dos malditos maus governos que já deu, que chega, que já basta das sacanagens deles. E a minha avó diz que foi por causa das mulheres, que se fosse pelos malditos maridos, nada, a gente ia estar aí dando dó, que nem os próprios partidistas. Bom, ainda não vi ninguém para ser meu marido, porque os homens são muito bestas, sabe. E agora sou uma menina ainda. Já, já eu sei que os malditos vão ficar olhando para mim, mas eu, bem séria, nada de que sim, de que não, de que não sei, me mando e digo que passo meu lugar, e se o desgraçado do marido quiser ser folgado, bom, é por isso que estou na defesa zapatista, só dou uns *pedala*[105] nele e caio fora, que me respeite como mulher zapatista que eu sou. Claro, ele não vai entender de primeira, então vários *pedala* até entender a luta das mulheres que somos.

O homem acompanhou atento todo o sermão da menina. O que já não se pode dizer do cachorrinho das crostas de lama, que sabe-se lá onde está. Nem do cavalo caolho que mastiga parcimoniosamente um pedaço de plástico herdado dos alunos da *escuelita*. Mas o homem não riu, mal conseguiu piscar no mesmo ritmo de sua surpresa.

"Vamos ser mais", anima a menina, "de repente dilata, mas, sim, vamos ser mais."

O homem demora a entender que a menina agora está se referindo ao seu time. Ou não?

[105] N.d.T.: No original "*zape*", termo que corresponde a um tapa na parte de trás da cabeça com a mão aberta: aquilo que, durante as décadas de 2000 e 2010, era popularmente designado no Brasil como um "pedala", razão pela qual optamos por traduzir o termo desta maneira.

Mas a menina agora estuda o homem com olhar de caça de talentos, depois de vários "mmh", ela diz "E você, como se chama?"

"Eu?" O homem disse, sabendo que a menina não estava pedindo a árvore genealógica, nem o escudo heráldico, mas sim uma posição.

Depois de analisar mentalmente suas opções, o homem responde: "meu nome é gandula".

A menina fica em silêncio, avaliando a utilidade dessa posição.

Depois de pensar um pouco, diz ao homem, não para consolá-lo, mas para que entenda o que é importante:

"Não é qualquer um que é gandula, hein. Olha, se a bola vai para lá, no *acahual*, esquece, tem ninguém que quer ir, porque lá está muito *feroz*, muito espinho, muito chumbinho, aranha, de repente até cobra. Ou de repente a bola vai para o riacho e não é fácil de pegar, porque a água leva embora, aí você tem que correr para alcançar a bola. Então gandula conta, legal. Sem um gandula não tem jogo, ora. E se não tem jogo, então não tem festa, e se não tem festa, então não tem dança, e se não tem dança, então eu penteio o cabelo para nada e uso presilhas coloridas para nada, olha", diz a menina, e tira da mochila um monte de presilhas de várias cores, tantas que ainda nem existem.

"Não é qualquer um que é gandula", repete a menina ao homem enquanto o abraça, não para consolar, mas para fazer ele entender que tudo que vale a pena é feito em equipe, em coletivo, cada um com sua tarefa.

"Eu seria, mas não. Tenho muito medo das aranhas e das cobras. Outro dia até sonhei pesado por causa de uma maldita cobra que encontrei no pasto. Desse tamanho", e estende os braços o máximo que pode.

O homem continua sorrindo.

O jogo termina, a menina não completou o time para o desafio e adormeceu no chão.

O homem se levanta e veste o casaco porque a tarde já vai ficando parda, e o frescor alivia a terra. Talvez até chova.

Um miliciano está voltando agora com a identificação solicitada pela Junta de Bom Governo. O homem espera sua vez.

Chamam seu nome, por fim, e ele se aproxima para pegar seu passaporte, que tem gravado na frente "República Oriental del Uruguay." Na parte de dentro tem uma foto de um homem com cara de "Que diabos estou fazendo aqui?" e ao lado se lê "Hughes Galeano, Eduardo Germán María".

"Viu", pergunta o miliciano, "você pôs Galeano de nome de guerra por conta do compa Sargento Galeano?"

"Sim, acho que sim", responde o homem enquanto segura o passaporte, meio em dúvida.

"Ah", diz o miliciano, "foi isso que pensei".

"Viu, e a sua terra, onde fica?"

O homem olha para o miliciano zapatista, olha para o muro, olha para as pessoas dando duro na fresta, olha para as crianças brincando e dançando, olha para a menina tentando falar com o cachorrinho, com o cavalo caolho e com um animalzinho que bem que podia ser um gato, ou um cachorro, e diz resignado: "aqui, também."

"Ah", diz o miliciano, "e o que você faz?"

"Eu?", o homem tenta responder enquanto pega sua mochila.

E de repente, como se tivesse acabado de entender tudo, responde, sorrindo: "Eu sou gandula."

O homem já está longe e não consegue ouvir o miliciano zapatista que murmura com admiração: "Ah, ele é gandula, não é qualquer um."

Já na formação, o miliciano diz para outro: "Ô Galeano, hoje conheci um cidadão que se pôs o seu nome."

O Sargento Galeano sorri, como sempre, e responde "Não cara, como assim?"

"Estou falando", diz o miliciano, "de onde mais aquele senhor ia tirar esse nome?"

"Ah", diz o sargento de milícias e professor da *escuelita* Galeano, "e o que ele faz?", questiona.

"Ele é gandula", diz o miliciano e sai correndo para pegar Pozol.

O sargento de milícias Galeano pega seu caderno de notas e guarda na mochila enquanto diz entre os dentes: "É gandula, como se fosse tão fácil. Se não, qualquer um é gandula. Para ser gandula é preciso muito coração, coração de zapatista, e não é qualquer um que é zapatista, ainda que, e isso pode acontecer, de repente tem alguém que não sabe que é zapatista, até que sabe."

***

Irmãs e irmãos familiares dos Ausentes de Ayotzinapa,

A luta de vocês já é uma fresta no muro do sistema. Não deixem Ayotzinapa fechar. Por essa fresta não respiram só os seus filhos, mas também os milhares de desaparecidas e desaparecidos faltando no mundo.

Para que esta fresta não se feche, para que se aprofunde e se alargue, vocês terão em nós, zapatistas, uma luta comum:

a que transforma a dor em raiva, a raiva em rebeldia, e a rebeldia em amanhã.

Sup Galeano.
México, 3 de maio de 2015.

Ecos do 8 de Março

Subcomandante Insurgente Galeano, 8 de março de 2016

Do caderno de notas do gato-perro:

Ecos do 8 de Março.

Data: 8 de março de 2016. Local: Quartel General do EZLN. Documento obtido do diário de quem atende por "supgaleano", graças ao malware troiano chamado "uca, uca, quem encontra se cutuca" versão 6.9.

"Estávamos o Subcomandante Insurgente Moisés e quem faz esta resenha, falando sobre o próximo festival CompArte e como as comunidades zapatistas estão se organizando para participar. Nisso chega uma companheira *Insurgenta* e diz sem rodeio: 'vai ter jogo de futebol. Desafiaram a gente, as mulheres'. Eu sabia o que estava por trás disso, já que não era a primeira vez que acontecia. Deixa eu contar que nesse quartel as mulheres insurgentes dobram o número de homens insurgentes. Existem duas versões sobre isso: a oficial é que a maioria de nós, insurgentes, nos encontramos realizando trabalhos altamente especializados, onde apenas os homens podem atuar com elegância e graça; a real é que tem mais companheiras do que companheiros. É claro que é proibido publicar a versão real, por isso só a versão oficial foi distribuída entre os Tercios Compas.

Apesar dessa realidade, evidente a olho nu, ocorreu a um dos insurgentes, no final do café da manhã, dizer: 'já que hoje é 8 de março, então nós, os homens, desafiamos as mulheres para uma partida de futebol'. O oficial a mando se deu conta do erro quase imediatamente, mas o estrago estava feito. Uma oficial do serviço de saúde insurgente respondeu: 'bora'. Os homens se aglomeraram ao redor do ingênuo que fez o desafio para chamar a atenção dele. Ao saber o motivo do mal-estar que se espalhava nas fileiras masculinas, o insurgente quis esclarecer: 'mas times com número igual de jogadores'. 'Nem ferrando', disseram as mulheres, 'vocês disseram que os homens desafiam as mulheres, então são todos os insurgentes contra todas as *insurgentas*'."

O céu começou a nublar e um vento forte prenunciava uma desgraça.

Depois do almoço (o cardápio era batida de tamales e café com chili), uma *insurgenta* passou para nos dizer que o jogo já ia começar e perguntar se nós iríamos. O subcomandante insurgente Moisés não podia, porque tinha que revisar a lista dos inscritos para o festival. Eu me abstive, intuindo que não teria ambiente propício à inequidade de gênero. Então nenhum dos dois fomos.

O horizonte já ia ficando pardo quando retornaram. No céu e na terra a tormenta era dona e senhora de tudo.

A *insurgenta* veio reportar. Perguntei como tinha ficado o jogo, e ela respondeu "empatamos". "Quanto a quanto?", perguntei. "Não lembro", disse ela, "mas ganhamos um jogo e depois mudamos de campo e eles ganharam; então empatamos: um cada."

Disse isso com tanta desenvoltura que parecia presidente do Instituto Nacional Eleitoral informando os resultados oficiais de qualquer eleição.

Senti que havia algo de podre na Dinamarca, então fui até o oficial a mando e perguntei do resultado: "Ganhamos de 7 a 3", ele respondeu brevemente. "Mas a *insurgenta* da saúde disse que empataram porque elas ganharam um jogo e vocês o outro", questionei. O oficial sorri e esclarece: "não, Sup, só jogamos uma partida; O que aconteceu é que no primeiro tempo elas estavam ganhando de 3 a 2, e no segundo tempo, depois da mudança de campo, a gente meteu 5 gols. Resultado: insurgentes-7, *insurgentas*-3". O Subcomandante Insurgente Moisés, porta-voz do ezeéliene, em nome de todos os homens, mulheres, crianças e anciãos zapatistas, exclamou: "Os homens venceram!" Outra *insurgenta* que passava por lá reclamou "Que 'os homens venceram', parem! Vocês nem foram!, 'Não importa', disse a voz oficial do ezeéliene, 'os homens venceram'".

A tempestade pareceu diminuir, e os ventos e a água se aquietaram. Mas o horizonte estava longe de ficar claro.

Mais à noite, quando brindamos com café à supremacia masculina, o Subcomandante Insurgente Moisés me explicou: "Olha, o que acontece é que só dois dos homens sabem jogar bem futebol e os dois estavam de plantão, então no primeiro tempo os insurgentes tinham dois a menos e as *insurgentas* já são mais numerosas. No segundo tempo, os dois homens terminaram o turno deles e entraram no jogo e aí ganharam".

Perguntei se as *insurgentas* sabiam jogar futebol: "sabem", disse, "mas também têm uma que é jovenzinha e corre de um lado para outro; ela só é a estrategista e tática do time, porque, quando se cansa de correr, só grita 'bola, bola' e todas as *insurgentas* começam a cercar o homem que está com a bola e ficam todas chutando e como só tem uma bola, uma boa quantidade de chutes sobram para o companheiro".

Erguemos então as nossas xícaras de café frio e saudamos o novo triunfo do gênero mesmo em condições adversas.Na montanha, o vento e a chuva já tinham bebido da força da noite. Ainda não amanhecia quando caíram com mais força, se é que é possível.

Mas (sempre tem um "mas"), no dia seguinte, no café da manhã, um dos homens, mal-intencionado, perguntou como tinha ficado o jogo de futebol. "Empatamos", se apressou a dizer uma *insurgenta* e, antes que os machinhos pudessem reagir, dirigiu-se às outras agitando: "Não é verdade, companheiras?" "Siiiiiim!" gritaram todas e, como são a maioria, bem... Enfim, riscos da democracia.

Foi assim que as *insurgentas* transformaram uma derrota esportiva num triunfo e ganharam com um empate. Placar final: insurgentes – 1, insurgentas – 2.

Mas os machinhos não se deram por vencidos tão rápido, pediram uma revanche. "Tá bom", disseram as companheiras, "mas só no ano que vem".

Desesperados, os insurgentes acudiram a quem melhor sintetiza os elevados níveis do machismo-zapatismo, ou seja, eu. Me perguntaram quando era o "dia dos homens".

"Como?", perguntei.

"Sim", disseram, "se tem um dia da mulher, também deve ter um dia do homem".

"Ah", assenti entendendo: "já tem, claro". E mostrei para eles o que, com sabedoria sintética, algum tigre tinha tuitado: "O 'dia do homem' (quando se comemora a escravidão da mulher ao trabalho de criação dos filhos) já existe. É o 10 de maio."

Acho que eles não pegaram muito o sarcasmo, porque saíram dizendo: "Ah, então ainda tem tempo".

Perguntas de controle de leitura:

1. A *insurgenta* da saúde que subverteu a semântica das regras da Fifa é uma feminazi, uma lesboterrorista ou alguém que manda as regras para longe, destrói os papéis impostos e machuca a sensibilidade varonil?

2. Quem com tanta graça resenha o que aconteceu nesse fatídico dia 8 de março de 2016 num quartel zapatista é um macho heteropatriarcal, eurocêntrico, especista, capacitista, classista e etceterista, mais uma das vítimas do sistema (olha, parece nome de banda) ou não comemora o dia 10 de maio por falta do dito cujo?

3. Como mulheres que somos, damos a revanche para os malditos homens ou nem a pau, nada de ficar criando cobra?

Envie suas respostas para o zelador da *escuelita*. Atenção: todas as menções que não forem de menta serão devolvidas ao remetente às custas do mesmo.

Atesto sob protesto de gênero.

Sup Galeano.
8 de março de 2016.

A grande final[106]

Subcomandante Insurgente Moisés,
Subcomandante Insurgente Galeano, 05 de jul. 2018

Você chega ao grande estádio. "Monumental", "colosso", "maravilha arquitetônica", "o gigante de concreto", adjetivos parecidos se repetem nas vozes dos locutores que, apesar das diferentes realidades que descrevem, concordam em destacar a soberba construção.

Para chegar à grandiosa edificação, você teve que atravessar escombros, cadáveres, sujeira. Contam os que contam mais anos que nem sempre foi assim; que antes, ao redor da grande sede esportiva, se erguiam casas, bairros, comércios, edifícios, rios e córregos de gente que se ia esquivando até quase dar de cara com o gigantesco portão, que só se abria de tanto em tanto tempo, e em cujo batente se lia: "Bem-vindo ao Jogo Supremo." Sim, "bem-vindo", no masculino, como se o que acontecesse lá dentro fosse assunto só dos homens; como antes os sanitários, os bares, a seção de máquinas e ferramentas das lojas especializadas e, claro, o futebol.

Mas, num voo de pássaro, a imagem vista poderia muito bem ser um símil de um universo se contraindo, deixando em sua periferia morte e destruição. Sim, como se o Grande Estádio fosse o buraco negro que absorve a vida ao seu redor

[106] N.d.O.: O presente texto integra a *Convocatoria a un Encuentro de Redes de Apoyo al CIG, al comparte 2018 "Por la vida y la libertad" y al 15° aniversario de los caracoles zapatistas: "Píntale caracolitos a los malos gobiernos pasados, presentes y futuros"*, publicado pelos Subcomandantes Insurgentes Moisés e Galeano, em 5 de julho de 2018. O documento integral pode ser lido e acessado em: https://enlacezapatista.ezln.org.mx/2018/07/05/convocatoria-a-un-encuentro-de-redes-de-apoyo-al-cig-al-comparte-2018-por-la-vida-y-la-libertad-y-al-15-aniversario-de-los-caracoles-zapatistas-pintale-caracolitos/.

e que, ainda insaciável, arrota e defeca corpos sem vida, sangue, merda.

De uma certa distância é possível apreciar o imóvel na sua totalidade. Embora agora os seus arranjos arquitetônicos errôneos, as suas falhas estruturais nas fundações e edificações, suas decorações mutáveis ao gosto do ganhador da vez, pareçam encobertas por uma tramoia que abunda em apelos à unidade, à fé, à esperança e, claro, à caridade. Como se essa semelhança entre cultos religiosos, políticos e esportistas fosse assim ratificada.

Você não sabe muito de arquitetura, mas se incomoda com essa insistência quase obscena em uma cenografia que não coincide com a realidade. Cores e sons proclamando o fim de uma era e a passagem ao amanhã sonhado, a terra prometida, o descanso que nem a morte promete (você diz para si mesmo enquanto vai recontando entre os seus mais próximos as pessoas desaparecidas, assassinadas, "exportadas" para outros infernos, e cujos nomes se diluem em estatísticas e promessas de justiça e verdade).

Tal como na religião, na política e nos esportes, existem especialistas. E você não sabe muito de nada. Você fica tonto com os incensos, salmos e louvores que povoam esses mundos. Você não se sente capaz de descrever o edifício, porque anda por outros mundos, seus longos e tediosos caminhos transcorrem no que, dos soberbos camarotes do grande estádio, poderia se chamar "o subsolo". Sim, a rua, o metrô, o ônibus, o veículo parcelado ou pago com outros parcelamentos (uma dívida sempre adiada e sempre crescente), a estrada de terra, as rotas de extravio que levam ao milharal, à escola, ao mercado, ao camelô, ao trabalho, ao pó, à merda.

Você se inquieta, sim, mas o otimismo dentro do grande estádio é majoritário, opressivo, a-v-a-s-s-a-l-a-d-o-r, e transborda para além dele.

Como nessa música que você lembra vagamente, o show que já terminou, uniu *al noble y al villano, al prohombre y al gusano.*[107] Nesses momentos, a igualdade foi rainha e senhora, não importava que o apito final tenha devolvido cada um para o seus lugares. Chega de esquecer que cada um é cada um, de novo, *y con la resaca a cuestas/ vuelve el pobre a su pobreza, /vuelve el rico a su riqueza /y el señor cura a sus misas / se despertó el bien y el mal/ la zorra pobre vuelve al portal, / la zorra rica vuelve al rosal, / y el avaro a las divisas.*[108]

E agora os ruídos e imagens informam a você que o jogo acabou. A tão esperada e temida grande final terminou, e o time vencedor recebe, com falsa modéstia, o clamor dos espectadores. "O respeitável público", dizem locutores e cronistas. Sim, é assim que se referem a quem participou ativamente com gritos, vivas, urros, insultos e diatribes, das arquibancadas, como espectadores que só na grande final têm permissão de simular que estão na frente da bola e que seu grito é o chute que direciona a esférica "para o fundo das redes".

Quantas vezes você ouviu isso? Muitas, vale a pena contar? As repetidas derrotas, a promessa de que na próxima sim, que o árbitro, que o campo, que o clima, que a luz, que o alinhamento, que a estratégia e a tática, que etcetera. Pelo

[107] N.d.T.: Trecho da canção "Fiesta" do cantor, poeta, músico e compositor espanhol Joan Manuel Serrat. Em tradução: "o nobre e o vilão, o grande homem e o verme".

[108] N.d.T.: Trecho da mesma canção de Joan Manuel Serrat. Em tradução: "e às custas da ressaca/ volta o pobre à sua pobreza/ volta o rico à sua riqueza/ e o senhor padre a suas missas/ se despertou o bem e o mal/ a raposa pobre volta ao portal/ a raposa rica volta ao rosal/ e o avarento às divisas.

menos a ilusão atual alivia essa história de fracassos, na qual logo será acrescentada a desilusão prevista.

Do lado de fora do recinto, uma mão maliciosa rabiscou uma frase no soberbo muro que circunda o estádio: "FALTA A REALIDADE". E não contente com a sua heresia, a mão acrescentou traços e cores às letras, tão variadas e criativas que já não parecem pintadas. Já não é um grafite, é uma inscrição gravada com formão, manchando o concreto. Uma marca indelével na superfície apática do muro. Mas o cúmulo é que o último traço do "E" final abriu uma fenda que se estende até a fundação. Um cartaz, rasgado e desbotado, com a imagem de um casal heterossexual feliz, com um par de filhos, um menino e uma menina, e com o título de "A Família Feliz", tenta em vão esconder a fenda que, talvez por um efeito ótico, parece também rasgar a feliz imagem da família feliz.

Mas nem o ruído interno que faz vibrar as paredes do estádio consegue esconder a fenda.

Lá dentro, mesmo que o jogo tenha terminado, a multidão não sai do estádio. Mesmo que não demore muito para que ela seja expulsa de volta ao vale das ruínas, a multidão extasiada ecoa seus próprios gritos e troca anedotas: quem gritou mais alto, quem fez a melhor piada (se diz "meme"), quem espalhou a mentira de maior sucesso (o número de "curtidas" determina o grau de verdade), quem sabia desde o início, quem nunca duvidou. Nas arquibancadas, algumas pessoas trocam análises: "Você viu que os adversários trocaram de camisa no intervalo e que agora quem começou a partida com o uniforme do time rival está comemorando a vitória?"; "o árbitro ('vendido' sempre) agora, sim, deu conta do recado, até porque a vitória da equipe limpa e exalta tudo".

Algumas pessoas mais céticas observam com espanto que, entre os que festejam a vitória, está quem jogou e joga em times rivais. Tentam, mas não entendem. Ou entendem, mas não é hora de entender, só de comemorar. Para deixar isso claro, uma tela gigante pisca com a melodia visual da moda: "Proibido pensar".

A noite adiou sua chegada, você pensa. Mas logo percebe que são os refletores e os fogos de artifício que simulam a claridade. Claro, uma claridade seletiva. Porque ali, naquele canto, algumas arquibancadas desabaram e as equipes de resgate não socorrem, ocupadas com a comemoração. As pessoas não se perguntam quantos mortos, mas sim de qual time eles eram torcedores. Mais para lá, naquele outro canto escuro, uma mulher foi agredida, estuprada, sequestrada, assassinada, desaparecida. Mas, vamos lá, é só uma mulher, ou uma anciã, ou uma *jóvena*, ou uma menina. A mídia, sempre antenada com os tempos, não pergunta o nome da vítima, mas sim se ela vestia a camisa deste ou daquele time.

Mas não é hora de amargura, é hora de festa, de brindes, de f-i-m-d-a-h-i-s-t-ó-r-i-a meu bem, de começo de um novo campeonato. Lá fora, a escuridão parece ser o colofão pictórico da zona devastada. Sim, você pensa, como uma cena de guerra.

O barulho chama sua atenção. Você tenta se distanciar para entender o impacto desse grande triunfo do seu time favorito... hum... Era o seu time favorito? Já não importa, o vencedor sempre foi e será o time favorito das maiorias. E, claro, todos sabiam que o triunfo era inevitável, e explicações lógicas se sucediam nas arquibancadas: "sim, nenhum outro resultado possível, só o da inebriante taça coroando as cores do time favorito".

Você tenta, sem sucesso, fazer seu o entusiasmo que inunda as arquibancadas, os camarotes, e parece chegar ao ponto mais alto da construção onde o que se adivinha ser uma sala luxuosa reflete em seus vidros polarizados as luzes, os gritos, as imagens.

Você anda pelas arquibancadas com dificuldade, as pessoas abarrotam os corredores e as escadas. Você procura algo ou alguém que não lhe faça se sentir estranho, caminha como um extraterrestre ou um viajante do tempo que aterriza em um calendário e uma geografia desconhecidos.

Para um pouco onde duas pessoas de idade olham com atenção para uma espécie de tabuleiro. Não, não se trata de xadrez. Agora que você chegou perto o suficiente, vê que é um quebra-cabeça com apenas algumas peças encaixadas e sem a figura final sequer esboçada.

Uma pessoa está dizendo para a outra: "Bem, não, não acho que seja ficção. Afinal, o pensamento crítico deve partir de uma hipótese, por mais maluca que pareça. Mas não deve abandonar o rigor para enfrentá-la e verificar se procede, ou tem que encontrar outro ponto de partida". E, pegando uma das peças do quebra-cabeça, essa pessoa mostra e diz: "por exemplo, pode ser que, às vezes, o pequeno ajude a entender o grande. Como se nesta pequena parte pudéssemos adivinhar ou intuir a figura já completada". Você não ouve o que se segue, porque os grupos vizinhos gritam contra esta dupla estranha e calam suas palavras.

Alguém lhe entregou um panfleto. "Desaparecida" está escrito, e a imagem de uma mulher cuja idade você não consegue determinar. Uma anciã, uma mulher madura, uma *jóvena*, uma menina? O vento arrebata o panfleto e seu voo se confunde com as serpentinas e os confetes que nublam a visão.

E por falar em meninas…

Uma menina, pequena, de pele escura, com roupas estranhas de tão coloridas e adornadas, olha o estádio, as arquibancadas, as luzes multicoloridas, os sorrisos de vencedores e vencidos, os primeiros alegres, os segundos maliciosos.

A garota tem uma dúvida. Dá para adivinhar pela expressão em seu rosto, em seu olhar inquieto.

Você se sente generoso, afinal você ganhou… hum… Você ganhou? Bom não importa. Você se sente generoso e, solícito, pergunta à menina o que ela procura.

A menina responde: "a bola". E, sem se virar para você, continua com o olhar varrendo a grande construção.

"A bola?", você pergunta como se a pergunta viesse de outro tempo, de outro mundo.

A menina suspira e acrescenta: "bom, pode ser que, talvez, o dono esteja com ela".

"O dono?"

"Sim, o dono da bola, e do estádio, e do troféu, e dos times, e de tudo isso", diz a menina enquanto, com as mãozinhas, tenta abarcar a realidade concentrada no grande estádio.

Você tenta encontrar palavras para dizer à menina que essas perguntas não vêm ao caso, enfim, dependendo, mas aí você lembra… Ou melhor, você não se lembra de ter visto a bola. Uma imagem borrada aparece na sua mente, acha que foi no início do jogo, da bola com seus gomos manchados por "nossos gentis patrocinadores". Nem nos gols marcados você consegue localizar a bola.

Mas aí está a tela do placar, e a tela marca a realidade que importa: tal ganhou, tal perdeu. Nenhum placar indica quem é o dono do placar, muito menos quem é o dono da bola, dos times, das arquibancadas, das "câmeras e microfones".

Além disso, o placar não é um placar qualquer. É o mais moderno que existe e custa uma fortuna. Inclui VAR para ajudar seus funcionários a adicionar ou subtrair pontos na tela e para *replays* instantâneos ou reiterados de quando "juntos fizemos história". E o placar não marca os gols, marca os gritos. Ganha quem grita mais alto, então quem precisa da bola?

Mas aí você revisa suas memórias e percebe algo estranho: minutos antes do final do jogo, a torcida, a organizada, a fanática do time adversário, ficou em silêncio. E os gritos dos torcedores do time agora triunfante não tiveram rival. Sim, muito estranha essa súbita retirada. Mas o mais estranho ainda é que, quando os resultados ainda não estavam refletidos na tela do placar, nem mesmo os parciais, a equipe adversária voltou a campo só para parabenizar o vencedor... Que ainda não era vencedor. Nos altos e luxuosos camarotes do estádio, estourou o alvoroço, e as cores de suas bandeiras já eram as do time vencedor. Que horas mudaram de favorito? Quem realmente ganhou? E sim, quem é o dono da bola?

"E por que você quer saber quem é o dono?", você pergunta à menina, porque você acha que, apesar das dúvidas, é hora de assobios e barulhos, e não de perguntas estúpidas.

"Ah, porque esse não perde. Não importa qual time ganhe ou perca, o dono sempre vence."

Você fica desconfortável com a dúvida que isso levanta. E fica mais incomodado ao ver aqueles que declaravam que o time agora vencedor traria desgraça, comemorando uma vitória que, poucas horas antes, não era deles. Porque não veem que perderam, comemoram como se a vitória fosse deles, como se dissessem "ganhamos outra vez".

Você está prestes a dizer para a menina que deixe a amargura para lá, que talvez ela esteja naqueles dias, ou deprê, ou não entenda nada, afinal é só uma menina, mas nisso o respeitável público irrompe em um grito: o time vencedor volta a campo para agradecê-lo. A gente-gente continua nas arquibancadas e contempla, extasiada, os gladiadores modernos que derrotaram as feras... Espere um pouco! Não são as feras que agora abraçam e comemoram e carregam nos ombros o time vencedor?

Você ficou pensando no que a menina disse. E então lembra, inquieto, que o time adversário, conhecido por sua grosseria, artimanhas e trapaças, abandonou o jogo logo antes do apito final. Sim, como se temesse que a sua própria inércia pudesse torná-lo o vencedor (com trapaça, claro) e, para evitar isso, se retirou completamente. E com ele, desapareceram seus aplausos, sua torcida – e agora você lembra –, suas bandeirinhas e faixas.

A confusão continua. Aparentemente nas arquibancadas não importa o absurdo que acontece no centro do campo, onde o pódio aguarda a premiação final.

Você faz eco à pergunta da menina e, com timidez, pergunta por sua vez:

"Quem é o dono da bola?"

Mas o grito massivo engole sua pergunta e ninguém escuta você.

A menina pega você pela mão e diz: "Vamos, temos que sair daqui".

"Por quê?" você pergunta.

E a menina, apontando para a base da grande edificação, responde:

"Vai cair".

Mas ninguém parece perceber... Espera aí, ninguém?

(Continuará?)

***

Com base no exposto anteriormente, a Sexta Comissão do EZLN convida indivíduos, grupos, coletivos e organizações que apoiaram e apoiam o CIG e, claro, que ainda pensam que as mudanças que importam nunca vêm de cima, vêm de baixo (além de não terem enviado sua carta de adesões e petições ao futuro capataz) para o:

Encontro de redes de apoio ao Conselho Indígena de Governo.

Com a seguinte proposta de pauta:

– Avaliações do processo de apoio ao CIG e sua porta-voz Marichuy,[109] e da situação segundo a perspectiva de cada grupo, coletivo e organização.

– Propostas de passos a seguir.

– Propostas para voltar a consultar seus grupos, coletivos, organizações, o que foi proposto.

Chegada e inscrição: quinta-feira, 2 de agosto de 2018; inscrições e atividades na sexta-feira, 3 agosto, sábado, 4 agosto e domingo, 5 agosto.

Para se inscrever como participante no encontro de redes, o endereço é: encontroredes@enlacezapatista.org.mx

[109] N.d.O.: María de Jesús Patricio Martínez, mais conhecida como "Marichuy", é uma notável defensora dos direitos indígenas no México. Da etnia nahual, possui uma trajetória vinculada aos movimentos indígenas e à medicina tradicional. Em 2017, foi escolhida como representante do Conselho Indígena de Governo (CIG) para apresentar uma candidatura independente às eleições federais mexicanas no ano seguinte, e com apoio do EZLN, percorreu comunidades indígenas de todo o país durante vários meses, apresentando suas propostas, intercambiando experiências de organização política indígena e buscando assinaturas suficientes para permitir a inclusão de sua candidatura no boletim de voto. Reunindo cerca de 280 mil assinaturas validadas, o número não foi suficiente, na ocasião, para chancelar sua candidatura.

Além disso, as comunidades indígenas zapatistas convidam quem tem a arte como vocação e anseio ao:

CompARTE POR LA VIDA Y LA LIBERTAD

"Pinte caracóis para os maus governos passados, presentes e futuros!"

De 6 a 9 de agosto de 2018.

Chegada e inscrição: quando puderem, de 6 a 9 de agosto. Encerramento no dia 9, 15º aniversário do nascimento dos caracoles zapatistas.

A programação será de acordo com quem se inscrever, mas certamente vão estar musiqueiros, teatreiros, dançadeiros, pintores, escultores, declamadores, etcetera das comunidades zapatistas em resistência e rebeldia.

Para se inscrever como participante e/ou assistente, o endereço é:

asistecomparte2018@enlacezapatista.org.mx
participacomparte2018@enlacezapatista.org.mx

Tudo no caracol de Morelia (onde foi o encontro de mulheres que lutam), na área de Tzotz Choj, terra zapatista em resistência e rebeldia.

Muita atenção: traga seu copo, prato e colher, porque as mulheres que lutam já aconselharam a não usar descartáveis que poluem, além de que deixam um lixão. Não é demais que você traga seu foco de luz (ou lanterna de mão), um o-que-quer-que-seja para colocar entre o chão digno e seu muito digno corpo ou tenda de campanha. Sua capa de chuva ou nylon ou equivalente caso chova. Seus medicamentos e alimentos especiais, se necessário. E qualquer outra coisa que depois não lhe possa faltar e, quando você nos deixar sua crítica, possamos responder "nós avisamos". Para as pessoas de idade – "de juízo", como dizemos aqui –, providenciaremos, na medida do possível, alojamento em algum lugar especial.

Nota: sim, o acesso será permitido a homens e outras minorias.

Pela Sexta Comissão do EZLN.
Subcomandante Insurgente Moisés.
Subcomandante Insurgente Galeano.
México, 4 de julho de 2018.

P.S.: Não, nós, zapatistas, NÃO aderimos à campanha "pelo bem de todos, os ossos primeiro".[110] O capataz, os mordomos e os peões podem mudar, mas o agricultor continua sendo o mesmo. Portanto…

[110] N.d.O.: Referência irônica à frase "pelo bem de todos, os pobres primeiro", proclamada pelo presidente mexicano Andrés Manuel López Obrador em seu discurso de posse, no dia 1º de julho de 2018. Tratando-se de um político vinculado à esquerda institucional de seu país, o comentário incluído no texto (publicado poucos dias depois) visa reafirmar a posição antissistêmica do zapatismo, não compactuando e nem se alinhando à gestão do recém-eleito presidente.

Calamidad e a turma da Defensa Zapatista

Subcomandante Insurgente Galeano, 16 de jun. 2021

A Calamidad Zapatista.
(Que narra a história do encontro do SupGaleano e a Calamidad, junto à História do Milho de Pipoca e, na seção de esportes, a primeira partida de futebol mundial; além de outros infelizes – para o Sup – acontecimentos.)

Notas de cabeçalho (só para zoar com as de rodapé):

(1) Uma primeira versão desta história foi contada, em alto e bom som, no Segundo Puy ta Lecuxlejaltic, celebrado no Caracol de Tulan Kaw, em dezembro de 2019. Como texto, era inédito até agora. Nesta versão, o *corpus* original é mantido e são acrescentados alguns detalhes que podem ou não ajudar a desesperar mais de uma pessoa, acostumada, talvez, a leituras mínimas de ideias e extensão. É possível que você detecte alguns *spoilers* sobre o que agora é conhecido como "Travessia pela Vida". Não se preocupe, muitas vezes o zapatismo enuncia coisas que ainda não aconteceram. Essa irresponsabilidade zapatista já é lendária, então parem de reclamar e falar mal.

(2) Lamentavelmente, este texto não tem os efeitos especiais que foram utilizados no mencionado caracol, e que rendeu ao SupGaleano sete indicações para "La Palomita de Cartón",[111] o maior prêmio concedido a quem consumir o maior número de copões de pipoca com bastante molho picante sem recorrer a antiácidos. Nível "com ou sem filme".

[111] N.d.O.: "Pipoca de papelão", em português.

(3) *Warning*: as narrativas a seguir podem conter imagens que escandalizam quem carece de imaginação, inteligência e coisas igualmente sem valor na modernidade. A leitura não é recomendada para adultos maiores de 21 anos, a menos que sejam supervisionados por crianças menores de 12 anos. Como?! Você vai ler apesar dessa séria advertência? Não estou dizendo, já não existem valores como antes.

(4) A narrativa é inspirada em fatos reais. Os nomes são mantidos para definir responsabilidades perante a Comissão de Justiça da Junta de Bom Governo. O quê? Ah, claro, você pode duvidar da veracidade do que é narrado aqui, mas você também não duvidou que os zapatones iriam invadir a Europa? Sério? Todos os seres detalhados aqui existem na realidade. Se alguém não imagina que isso seja possível, não é culpa da realidade. Pelo contrário, é que falta imaginação.

(5) Hã? Não, não estou repreendendo você, estou, por assim dizer, dando-lhe o contexto do que se segue e que é...

Esta é a história de uma menina zapatista de quem ninguém gostava, porque ela era, e é, diferente entre os diferentes.

A menina dessa história nasceu em uma comunidade indígena zapatista. O nome do seu povoado, região ou zona não importa agora.

Sempre longe dos espelhos, cresceu olhando e ouvindo o mundo através do olhar e ouvidos de outras meninas e meninos. Nasceu grande e é uma menina grande. E quando digo grande, me refiro a seu tamanho, sua altura e peso, não à sua idade cronológica. Mas como eu já disse que ela olhava pelo olhar de meninas e meninos da sua idade, não tinha consciência da sua diferença.

Na ideia que tinha de si mesma, ela era tão pequena quanto as outras meninas e meninos de sua geração, agora entre os 3 e 6 anos anos de idade.

Quando nasceu, ela caiu nos primeiros dias. Você já sabe que o costume das mulheres indígenas é que, depois do parto, elas não demorem muito para serem reincorporadas nos seus trabalhos. Com o *rebozo*[112] carregam a cria como uma mãe canguru, onde o produto ou "produta" come, dorme e faz o que chamam de necessidades primárias (ou seja, 25 e 50 – urinar e defecar, para os neófitos). Com a criatura incorporada ao próprio corpo, a mulher manobra com o *rebozo* enquanto faz seu trabalho e, não raro, jogam o *rebozo* para as costas. Portanto, as mamães são superiores às cangurus.

Enfim, isso confere à criatura uma superioridade sobre quem a criou, porque ela pode olhar para o que sua mãe não consegue. Assim, a cria olha o que a mãe olha quando é trazida para frente; e olha o que sua mãe não olha, quando está nas suas costas. E ambas as perspectivas sem abandonar a proximidade íntima com sua criadora.

Esse duplo olhar, que pode parecer normal para quem nasce, cresce, vive e morre em uma comunidade indígena, permite que a criatura escape da censura. Ou seja, consegue olhar coisas que talvez a mãe não queira que olhe, ou que ainda não queira que olhe.

Ah, eu sei. Estou especulando a partir do mundo adulto sobre o olhar na primeira infância, mas este é um conto ou uma história que vocês nunca vão saber se realmente

[112] N.d.T.: Rebozo é um tipo de xale que é parte da vestimenta tradicional das mexicanas.

aconteceu ou acontece; ou se foi inventada nessas madrugadas solitárias, povoadas de café e fumaça de tabaco, que se repetem nas montanhas do sudeste mexicano.

Então, voltando para a menina, seus primeiros dias não foram muito diferentes dos demais: às vezes ela olhava para o que a mãe olhava: o fogão, a pilha de lenha, a panela, os pratos, a colher, o riacho e o balde, os animais, o criador cúmplice ("papai", vai chamar depois) e, talvez, as outras criaturas de diversos tamanhos que corriam e trabalhavam e a quem mais tarde vai chamar de "irmãos" ou "irmãs", e que vão ser seu primeiro conflito. Porque, como todos sabem, irmãos que não brigam entre si não são irmãos.

Quando ela ficava nas costas, a menina olhava outro mundo. Aí pode ser que ficasse com medo do que aparecia e se refugiasse dentro do *rebozo*, talvez pensando: "não, muita informação, agora tenho que me concentrar no que é essencial neste mundo: chorar, comer, cagar, dormir, e tudo de novo".

Ou pode ser que ela não se escondesse. Pode ser que seus olhos se abrissem mais e suas mãozinhas tentassem alcançar o voo de um pássaro, ou desse pato (sem ofender) que, sim, andava bem diferente, mas, quem era ela para criticar, se ela nem sabia que essas duas coisas na parte inferior do seu corpo podiam servir para outra coisa além de tentar enfiá-las na boca?

O que aconteceu com ela podia acontecer com qualquer um. A mãe, ocupada em arrumar a lenha, jogou o *rebozo* para as costas e não percebeu que, no movimento, a parte inferior ficou exposta, e a menina, como já disse que era grande e pesada, escorregou e caiu no chão com um "plop" quase imperceptível, porque a poça de lama em que caiu amenizou o impacto.

Nem todos os acidentes são infelizes. A menina não teve tempo de chorar porque, naquele exato momento, a mamãe *cucha*, uma porca grande, passava com vários *cuchitos* a perseguindo. A menina se juntou à procissão e, engatinhando, foi atrás como mais um *cuchito* da pequena piara.

A mãe? Nem se tocou. Só quando o marido voltou do milharal e perguntou pela menina é que a mãe percebeu que o *rebozo* atrás dela pesava menos do que o normal.

Começaram a procurar a menina e não demoraram muito para encontrá-la: sentada com os *cuchitos*, a menina se divertia com a lama e abraçava um *cuchito* que não estava nada feliz com a demonstração de carinho, porque – eu já falei? – a menina era grande e forte.

O homem riu muito e foi pegar o celular para tirar uma foto, mas a mãe disse o que todas as mães do mundo, as que são e as que foram, diriam em caso semelhante: "Menina, você é uma calamidade!"

Como a menina já engatinhava, saiu do *rebozo* – as costas da companheira agradeciam profundamente. A menina, além de grande, era curiosa. Uma vez ocorreu a ela ver o que aconteceria se enrolasse com um pano a lenha queimando que caiu do fogão. Acontece que o pano era a anágua da companheira. A mãe se deu conta com o cheiro de náilon queimado e gritou: "Menina, você é uma calamidade!"

Um dia, sua mãe a levou ao mercado da capital municipal.[113] Enquanto a senhora procurava uma anágua para substituir a queimada, a menina se aproximou de uma pirâmide de latas e lhe pareceu que as latas bem de baixo não estavam confortáveis, então retirou uma da base. O estrondo foi ouvido em todas as galerias do mercado. O dono da barraca

[113] N.d.T.: No original: "*cabecera municipal*". É a localidade que, no município, concentra as funções administrativas, como prefeitura, correios, finanças, etc.

pegou a menina nos braços e a entregou à sua mãe dizendo: "Senhora, sua menina é uma calamidade!"

Quando se reencontraram, após uma longa jornada de trabalho, cada um fazendo as suas coisas, o senhor e a senhora trocavam relatos. Na sua vez, a mãe começava: "essa menina é uma calamidade!", e continuava com uma longa lista de travessuras.

Como nem todos devem saber, os meninos e meninas não respeitam a champa do SupGaleano. Não importa quantas armadilhas e obstáculos o Sup coloque, sempre dão um jeito de aparecer no batente da porta pedindo um biscoito amanteigado, uma bola ou simplesmente uma história.

Uma tarde apareceu uma menina grande de corpo. O SupGaleano, com aquele tato diplomático que o caracteriza, perguntou: "Quem é você? Não lhe conheço". A menina, logicamente, respondeu: "Eu sou uma Calamidade!"

SupGaleano ficou satisfeito com a honestidade da menina, então a deixou ficar na champa até que a mãe viesse buscá-la. A senhora se desfazia em desculpas porque sua filha era uma calamidade. O SupGaleano, que sente empatia pela infância – talvez porque ele mesmo não chegue nem à puberdade – só murmurou: "bom, a menina não furta, herda".

A partir daí, a menina Calamidad aparecia de vez em quando na champa e, como se pode deduzir, fazia uma calamidade. Por exemplo, a menina tinha observado que o SupGaleano repreendia o gato-perro porque ele urinava no chão e na parede da casinha. Um dia chegou a vontade de 25 da Calamidad e ela subiu no colchão do Sup todo esburacado e queimado –

porque o Sup é uma pessoa irresponsável que fuma cachimbo na cama (não é verdade, quer dizer, sim sou irresponsável mas essa não é a questão, o colchão já estava esburacado e às vezes eu espirro, e aí já viu) – e fez o 25. O Sup ficou bravo e perguntou para a Calamidad por que ela fazia assim. E a Calamidad, com aquela lógica esmagadora da infância, respondeu: "Mas você disse para não fazer 25 no chão".

O Sup não soube o que dizer e, com o esfregão, fez o que pôde para limpar o colchão, que também não era de se orgulhar. Entre a família de ratos que fez o colchão de casa e a queima dos fiapos de tabaco que caíam do cachimbo, não era para o Sup ficar dando uma de certinho.

E para corroborar, o gato-perro olhava para o Sup com cara de: "Olha aí, eu sou um santo comparado à Calamidad". E pelo mesmo motivo, o gato-perro simpatizava com a menina. Suas travessuras pareciam mínimas comparadas com as da temida Calamidad.

Então, a menina, o Sup e o gato-perro se davam bem, talvez porque os três fossem disfuncionais. Assim, digamos que eles nunca chegarão a ser cidadãos-modelo, nem ganharão prêmios, nem terão cargos governamentais ou coisas igualmente horríveis. Apesar disso, quando a turma da Defensa Zapatista chegava, a Calamidad se escapulia, porque sabia que não era bem vista pelo resto da humanidade.

Mas, como dizia o falecido Sup Marcos (que deusinho o tenha em sua santa glória e que a virgem santíssima o preencha de bênçãos): "Quando você pensa que não dá para piorar, sempre pode aparecer a turma da Defensa Zapatista".

"A desgraça nunca anda só", eu sempre falo, por isso não demorou muito para que uma série de fenômenos confluíssem no que seria o antecedente da tormenta perfeita.

Sim, chegou o dia, ainda que na verdade fosse uma tarde, em que a Calamidad entrou no seleto grupo da Defensa Zapatista, cuja segunda em comando, Esperanza Zapatista, só fazia reiterar o paradoxal do seu nome…

CALAMIDAD E A TURMA DA DEFENSA ZAPATISTA

Era uma tarde nas montanhas do sudeste mexicano. No pasto da comunidade, um grupo de meninos e meninas brincava com uma bola. Bem, é isso que alguém que não conhecesse essa turma poderia pensar.

Na verdade, era um treino rigoroso do time infantil de futebol da Defensa Zapatista. Agora mesmo estão praticando o contra-ataque, manobra que a Defensa Zapatista explica assim: "Faz de conta que os malditos inimigos do time adversário estão vindo com a bola, que são maiores que a gente, que jogam melhor que a gente, que todo o público os apoia, que estão mais bem alimentados do que a gente, mais bem treinados do que a gente, que têm o uniforme mais legal e que estamos no campo deles, quer dizer, que eles são os locais. O que a gente faz?"

Pedrito encolhe os ombros, as hipóteses da Defensa Zapatista, para ele, sempre parecem erradas a princípio e mal formuladas. O cavalo caolho para um pouco de mastigar a garrafa de plástico, parece pensar por um momento, e depois continua mastigando como se nada tivesse acontecido. O gato-perro está atrás da Defensa, então parece que também está esperando a resposta. A Esperanza Zapatista percebe que só falta ela, então toma coragem, como mulheres que somos – nada disso, resistência e rebeldia! –, e levanta a mãozinha. Defensa Zapatista respira aliviada e diz: "Vejamos,

Esperanza, o que a gente faz?". A Esperanza Zapatista pigarreia um pouco e, seguindo o método zapatista fundado pelo finado Sup Marcos, responde: "A gente corre?"

O gato-perro abana o rabo em aprovação. Pedrito está prestes a dizer que a resposta-pergunta de Esperanza abre um novo terreno epistêmico. O cavalo caolho continua mastigando, mas agora com mais substância.

Defensa Zapatista arranca os cabelos e grita: "Não! Nada de correr. Nada disso, resistência e rebeldia. O que fazemos é dar um contra-ataque. Um chutão, que lance a bola bem longe. Vamos ver, Pedrito, chuta a bola".

O Pedrito é muito malandro para a teoria do conhecimento e os paradigmas epistemológicos, mas sempre chuta torto. Então a bola, em vez de ir para o campo contrário, vai cair na pequena lagoa que fica na beira do pasto, desculpe, do campo de treinamento autônomo de alto rendimento, autorização da Junta de Bom Governo, número não-sei, sede no Caracol de Tulan Kaw, domicílio conhecido.

A turma se aglomera na margem e olha com desolação a bola que ficou boiando bem no meio do mar inóspito. Ok, vai, no meio do charco, porque a "lagoa" não mede mais que dez metros de diâmetro e não excede cinquenta centímetros de profundidade.

A Esperanza Zapatista, com esse otimismo que seu nome delata, diz: "Certeza que tem tubarões muito ferozes, daqueles que nem mastigam você. Só engolem, e você morre cruelmente na barriga do tubarão, no meio de peixinhos e garrafas plásticas que ele comeu antes".

O cavalo caolho levanta as orelhas quando escuta "garrafas de plástico", mas não se mexe.

Enquanto a Esperanza descrevia esse belo quadro impressionista modelo *Sharknado*,[114] Pedrito consultou no celular e esclareceu:

“Impossível, não tem tubarão em água doce. Portanto, não há nada a temer quanto a selaquimorfos”.

Todos respiram aliviados. Mas Pedrito continua: “Por outro lado, é muito provável que tenha crocodilos”, e aponta algo parecido com um tronco flutuando no laguinho. Todo mundo estremece.

O gato-perro, por sua vez, é cachorro mas é um gato, então nem pensa em se molhar.

Defensa Zapatista raciocina: “Bom, aquela bola já era velha mesmo, quem sabe o Sup tem outra guardada, se não, ele pede uma para os cidadãos”.

Enquanto toda a turma tenta disfarçar o medo com cautela, a Calamidad, que estava observando tudo do seu esconderijo, sai, se mete na água, pega a bola, volta com ela e coloca na frente de Defensa Zapatista.

A turma, depois de sair do estupor, aplaude freneticamente, tenta colocar a Calamidad nos ombros, mas ela é muito pesada, então optam por dar uns tapinhas nas costas dela.

Recuperada a bola, Defensa Zapatista começa a dar novas instruções, mas quando olham, Calamidad já jogou a bola na água de novo.

Defensa pergunta a ela: “O que você fez?”. E, em resposta, Calamidad volta a se jogar na água e tira a bola de novo.

[114] N.d.O.: Referência ao filme *Sharknado*, lançado em 2013. A insólita trama do filme baseia-se em um ataque de milhares de tubarões que, após serem arrancados do Oceano Pacífico por um furacão e lançados sobre Los Angeles, protagonizam uma carnificina na cidade, enquanto seus habitantes lutam para detê-los.

Voltam a aplaudir. Na terceira vez que faz isso, a turma recebe a bola com um silêncio sepulcral.

Na quinta vez, todo mundo tem que agarrar a Calamidad junto para que ela não jogue a bola na água de novo. Calamidad fica confusa: o jogo não se tratava disso?

O time se afasta um pouco, guardando a bola com zelo, longe da compulsão da Calamidad; só a Defensa Zapatista fica pensando e olha intrigada para a menina. Na sua mente complicada, cheia de estratégias e táticas futebolísticas, entende agora o que o finado Sup Marcos disse para ela uma vez: "A maravilha da surpresa não está só em fazer algo inesperado, mas também em onde fazer, quando fazer, com o que fazer e com quem fazer". A carinha da menina Defensa Zapatista se ilumina. Ela pergunta à menina: "Como você se chama?" A menina responde: "Eu sou uma Calamidad".

A Defensa abraça a Calamidad e diz: "Você vai estar no nosso time. E agora você se chama Calamidad Zapatista." E, dirigindo-se ao resto do time, comunica: "Agora temos uma nova arma secreta". Todos olham aterrorizados quando, enquanto a Defensa explica uma nova e complexa estratégia de jogo que chama "resistência e rebeldia", a Calamidad joga a bola de novo na água e, depois de sorrir, se joga no mar revolto… Ok, na lagoinha, para pegar a bola.

Esperanza jura que uma baleia monstruosa trouxe a bola para Calamidad. Pedrito esclareceu que não era uma baleia, era o Kraken que veio se refugiar em terras zapatistas… Ok, em águas zapatistas.

O que importa é que a Calamidad estava feliz porque tinha novos amigos, e não um grupo qualquer de amigos: era a turma da Defensa Zapatista, a única que tinha medidas de restrição contra ela em praticamente toda a estrutura organizacional zapatista.

A Calamidad Zapatista deve ter uns de 3 ou 4 anos e, por ser a mais nova de idade, embora não de corpo, chama de "dona" as mais velhas, como ensinaram para ela. Chama a Defensa Zapatista de "Dona Defensa", o que nem ela, nem Esperanza, que aos 8 anos é chamada de "Dona Esperanza", gostam.

Já em seu novo grupo, a Calamidad sentiu necessidade de avisar seu antigo grupo infantil. Fez um sincero discurso de despedida para os *cuchitos* que só a cheiraram e morderam a calça que ela estava usando. Os presentes juram que os olhos da mãe *cucha* se marejaram.

Os Subs, o CCRI,[115] as zonas, as JBG, os Marez[116] e todas as comissões autônomas que existiram e por existir, poderão reclamar do que quiserem, mas se há algo que é preciso reconhecer na turma da Defensa Zapatista, é que protegiam uns aos outros.

Assim, Calamidad passou a poder assistir aos diversos atos públicos do EZLN que antes não podia porque estava proibida, já que temiam que fizesse uma calamidade.

[115] N.d.O.: Sigla para Comitê Clandestino Revolucionário Indígena, que corresponde ao Comando Geral do EZLN.

[116] JBG era a sigla para "Juntas de Bom Governo", que correspondiam à estrutura civil da organização política zapatista. Elas eram formadas por representantes dos Municípios Autônomos Zapatistas Rebeldes (Marez), que correspondiam às unidades territoriais controladas pelo EZLN. Em fins de 2023, após consulta realizada junto às populações zapatistas às vésperas do aniversário de trinta anos do levante de 1º de janeiro de 1994, tanto as JBG quanto os MAREZ foram extintos, conforme declarado em comunicado assinado pelo Subcomandante Insurgente Moisés. Ver: "Cuarta parte y primera alerta de aproximación: varias muertes necessarias". *Enlace Zapatista*, 5 nov. 2023. Disponível em: https://enlacezapatista.ezln.org.mx/2023/11/05/cuarta-parte-y-primera-alerta-de-aproximacion-varias-muertes-necesarias/

Não foi, então, estranho que, nos eventos, vissem passar uma menina rodeada por uma feroz escolta de milicianas. Todos sabíamos que não estavam cuidando dela, mas sim das assistentes, porque, bom, ela era uma calamidade.

O Pedrito explicou assim:

"É só que a companheira Calamidad, bem, como posso lhe dizer, é uma calamidade. Ninguém gosta dela, só o Sup Galeano e a Defensa Zapatista gostam dela. E aí ela com o Sup conversam e depois os dois ficam cantando um para o outro, a Calamidad e o Sup Galeano. Eles cantam com muita força, como se estivessem com a barriga doendo. Mas eles acham que cantam muito bem. E fazem umas peças de teatro, mas ninguém assiste. Só os grilos. E o Sup diz que os grilos aplaudem, mas o que você pode fazer, se os grilos só fazem esse barulho o tempo todo, não é que eles aplaudem. Mas a Calamidad acredita e faz sua caravana para agradecer, que foi como o Sup ensinou para ela, e então o Sup conta algumas histórias terríveis e maravilhosas enquanto eles se empanturram de pipoca".

E justamente agora, na champa, só tem o Sup, o gato-perro e a Calamidad. E aí, de repente, o Sup põe um punhado de pipoca com molho picante na boca, toma um gole de um conhecido refrigerante de cola e começa a contar:

A história do milho de pipoca.

Há muito tempo, quando o tempo começava a caminhar aos tropeços, como um velhinho gagá, os mais grandiosos deuses, os que nasceram o mundo, se reuniram na sua assembleia e concordaram em encarregar a mais sábia de todos, Ixmucané,[117] de fazer os homens e mulheres de milho.

Mas os deuses varões eram muito toscos, como sempre, e não perceberam que não ia dar certo, porque o milho ainda não tinha sido criado. Então a Ixmucané disse: "Ah, irmãozinhos, assim não dá, como vou fazer a humanidade do milho se o milho ainda não existe?". "Tá bom", disseram os deuses varões, "mas vê se resolve isso aí, porque já é um acordo de assembleia e você tem que cumprir".

A Ixmucané resmungou por um bom tempo, como as mulheres resmungam, como é que querem que eu faça se não tem como, óbvio que os malditos homens não pensam direito, e agora como que eu faço, vamos ver o que me dá na cabeça para resolver o problema.

Enquanto a Ixmucané pensa, os deuses varões começaram a falar mal: que essa Ixmucané é uma preguiçosa, que não cumpre o acordo, que se faz de pato; ou pata, diz outro; e outro: "e não é que ainda não fizemos os patos", e assim vai. E então se perguntaram por que têm que esperar pela Ixmucané se eles são sabedores.

Assim, fizeram os primeiros homens e mulheres com a primeira coisa que encontraram, ou seja, madeira. Mas os homens de madeira não se movem bem, caminham como se tivessem cãibras.

Então fizeram outros de ouro, que são muito pesados e sequer caminham.

[117] N.d.O.: Ixmucané é uma deusa que integra a cosmovisão maia. A história relatada neste trecho reconta, à maneira zapatista, um mito de origem presente no *Popol Vuh* – compilado de narrativas míticas, lendárias e históricas dos povos maias –, no qual Ixmucané cria a humanidade a partir do milho, após malsucedidas tentativas de criação por outros deuses a partir de outras matérias.

Enquanto os deuses varões estão pensando no que fazer, os homens de ouro obrigaram os de madeira a carregá-los e levá-los de um lugar para outro e alimentá-los e honrá-los.

Os deuses não sabem mais o que fazer, e aí Ixmucané chega e vê tudo como está, e então fica brava, dá uma bronca nos deuses varões, que, por culpa deles, vai longe essa história dos de ouro escravizarem os de madeira.

Dizem: "E fomos nós por acaso, sabe-se lá de onde saiu isso, estamos ocupados com coisas importantes".

E a Ixmucané responde: "Mas é o fim da picada, além de bestas, covardes que não se responsabilizam pelas besteiras que fazem. Vamos chamar esse malfeito de patriarcado, porque foram só machinhos os que pensaram mal essa injustiça".

Depois de dar uma bela bronca neles, a Ixmucané mostrou que tinha criado o milho. E então os deuses varões aplaudiram, se parabenizaram e disseram que eles tinham tido aquela grande ideia, e que a Ixmucané só fez na prática o que eles pensaram na teoria.

Ixmucané nem disse nada, mas trazia nas suas mãos milho de todas as cores, e assim foi criando os homens e mulheres que povoaram o mundo e também criou os/as outros/as porque, disse ela, é bom que o mundo saiba que tem muitos mundos dentro, e não só os que se veem por aí. Se fizeram assim os homens, as mulheres e os/as outros/as, e os deuses saíram para dançar.

Ela ficou olhando para suas próprias mãos, e viu que tudo que usou para criar o milho não tinha acabado, que ainda sobrava um pouco. Então, Ixmucané pensou que faltava mais uma lição para o mundo, que então começava a andar. E aí criou uns milhos menores e jogou na terra para crescer.

Algum tempo depois, lá estavam os milhos andando de um lado para o outro, trabalhando para que os homens e mulheres e outros/as que estavam construindo o mundo tivessem força. Mas ninguém ligava para os milhos pequenos, zombavam deles e os desprezavam. Todos os milhinhos ficam meio tristes porque ninguém liga para eles. Aí, na cabeça de um grupo de milhos pequenos, veio o pensamento de que isso não é legal, por que desprezam e não os levam em consideração. Se inconformou. E aí está o grupo dos milhinhos pequenininhos inconformados. Outros milhos passavam e diziam: "Bom, aí está o grupo de milhinhos inconformados, mas são muito pequenininhos, ninguém vai ligar".

Então os do grupo de milhinhos pequenos ficaram pensando que assim não dá, que tudo continue igual mesmo que estejam inconformados. Então chegou a Ixmucané, que estava fazendo a ronda pelo mundo, para ver se tudo estava indo bem. E topa com o grupo de milhinhos e pergunta o que que estão fazendo. E os milhinhos contam para ela seu inconformismo. A Ixmucané ri, mas não de zombaria, ri de carinho, e diz aos milhinhos: "bom, olha, maninhos, não basta vocês ficarem inconformados, é preciso se colocar em resistência e rebeldia. Requer que se rebelem, isto é, que tenham raiva, coragem e aí, que se organizem".

A Ixmucané foi embora, porque os deuses varões continuavam fazendo bobagens e ela tinha que dar uma olhada.

O grupo de milhinhos ficou pensando no que a Ixmucané falou e disseram: "Então tá, vamos ficar bravos". Eles começaram a pensar em todas as humilhações e desprezos que tinham sofrido, e sua coragem aumentava cada vez mais e ardia a raiva dentro deles. Cada vez mais, já estão até vermelhos de tanta coragem e não aguentam mais o calor. E bum!

Um estoura e pula, fica esponjoso, depois outro, e um vento passa e os levanta. E todos ficam admirados de ver que os milhinhos voam. E os outros milhinhos pequenos começam a fazer o mesmo, e logo outro estoura e salta, e outro, e outros. E aí muitos, e o ar fica cheio de milhinhos estourados.

E uma menina olha para o ar e diz "parecem *palomas*".[118] E um menino diz "sim, mas pequenininhas". E a menina "isso, como *palomitas*".[119] E o menino, como qualquer criança, pega uma *palomita* e come e diz "está muito gostoso". E a menina diz "sim, mas falta alguma coisa", e ali mesmo ela encontra um pote que a Ixmucané tinha deixado esquecido e põe na *palomita* e fica meio picante mas, assim, gostoso.

A menina e o menino chamam todas as crianças do mundo, e eles começaram a catar os milhos voadores, e os colocaram em uma tigela. Põem o molho picante e começam a comer até que ficam com diarreia. De qualquer forma, fazem uma festa deles.

E aí os outros milhos olhavam tudo muito admirados e surpresos, porque esses eram os únicos milhos que podiam voar, e então respeitaram os milhos pequeninos. E aí ficou o nome de "milho *palomero*", que quer dizer "milho que voa e faz festa". Isso em um idioma que acabei de inventar.

E tan-tan.

A Calamidad aplaude encantada. O gato-perro não aplaude, porque as patas ficaram presas na pipoca com molho picante e, pacientemente, as está lambendo, porque aqui não se desperdiça nada quando se trata de pipoca.

A Calamidad declarou que vai brincar de pipoca. Ela para no meio do campo e começa a prender a respiração e a inchar,

118 N.d.T.: "*Paloma*" é a palavra que em espanhol significa "pomba"

119 "*Palomitas*" é como se diz "pipoca" em diversos lugares de língua espanhola. (Nota da tradutora).

até ficar vermelha e depois roxa (como as crianças quando fazem birra), e o Sup está prestes a dar um tapa nela para fazer ela respirar, quando ela pula e grita ao expirar: "BUM!". Olha para Sup esperando que ele faça o mesmo, e como o Sup continua comendo, como se nada tivesse acontecido, a Calamidad diz: "E aí, você é zapatista ou não?". Aí pegou no calo do Sup Galeano, que prende a respiração. Mas com a fumaça do tabaco e a pipoca enchendo a boca, ele só consegue tossir estrepitosamente, jogando fora pedaços de pipoca meio mastigados. E Calamidad, com a carinha cheia de suas próprias pipocas respingadas, aplaude com entusiasmo, porque, diz ela, o Sup fez barulho de muitas pipocas estourando.

O Sup quase se sufoca, mas se aliviou rápido quando a *insurgenta* da Saúde chegou e disse "vai ter que tomar uma injeção". Todos correram, primeiro o gato-perro – não iam confundi-lo com um subcomandante –, e só sobrou a Calamidad, que já vai, com a mochila da vigilância sanitária, para a pequena lagoa onde um par de baleias brincam e pulam, sabendo que estão a salvo dos navios dos malditos grandes capitalistas chineses-japoneses-coreanos que, em vez de seguirem seus usos e costumes, ou seja, fazerem Anime, K-Pop (팬덤 군대 일어) e muralhas, querem caçar as baleias para converter em dólares, yuans, ienes, euros e o resto em pesos.

COMO O TIME DA DEFENSA ZAPATISTA GANHOU SUA PRIMEIRA PARTIDA INTERNACIONAL

Certo dia, foi realizada a primeira partida internacional em que o time intergalático de mulheres que lutam enfrentou o time muito outro liderado pela Defensa Zapatista.

A estranha estratégia da diretora técnica do time zapatista pareceu funcionar:

Quando o time adversário estava com a bola e partia para a ofensiva, a Calamidad entrava em campo, pegava a bola e jogava na lagoa.

Nesse momento, o time da Defensa Zapatista começava a espalhar rumores de tubarões muito ferozes que viviam naquela lagoa. Pedrito esclarecia que não era possível, mas que com certeza tinha crocodilos gigantes. Esperanza falava de uma baleia enorme que, de vez em quando, aparecia com uma balaclava branca.

Enfim, o pânico era semeado com uma habilidade de deixar as redes sociais no chinelo.

Claro, a Calamidad então entrava de novo na água e voltava com a bola. E o time adversário, no que se chama de *fair play*, parabenizava e tentava levantá-la nos ombros, mas de que jeito? Sem chance.

Na quarta vez, o time internacional de mulheres que lutam pediu a expulsão da transgressora que, toda vez, jogava a bola no mar infestado de tubarões-tigre, lagartos e jacarés, hidras, Krakens e até baleias assassinas (assim disseram); mas acontece que elas ficaram divididas entre si, porque começaram a discutir a sororidade de gênero, já que expulsar a Calamidad era uma mostra de que o pensamento heteropatriarcal contaminava as mulheres.

Ficaram muito tempo discutindo, e quando perceberam, o gato-perro estava fazendo uma jogada de mestre com a cabeça do cavalo caolho, que tinha adormecido na beirada da grande área, e, com um estilo que nem Messi-Ronaldo, marcou no gol oposto, o que foi festejado não só pelo público que abarrotava o pasto, quer dizer, o estádio (embora na realidade só estivessem o Sup Galeano, o Elías Contreras e uma solitária barraca de pipoca onde duas *insurgentas* se entediavam soberbamente), mas também pela Defensa Zapatista, porque era a primeira vez que o gato-perro não marcava no próprio gol.

A juíza apitou o fim, e a partida terminou. A turma da Defensa Zapatista tinha conseguido o seu primeiro triunfo mundial.

Mais uma vez tentaram levantar a Calamidad nos ombros e mais uma vez fracassaram. Aí a celebração não encontrou forma de se materializar.

Mas o Sup Galeano resolveu tudo quando disse que era um rumor, que não estava nada confirmado, que talvez fosse uma *fake news*; mas tinha ouvido dizer que o Vlady tinha entregado para o Sub Moy uma caixa de *donuts* de vários sabores. Que o Sup Galeano lamentava que não fossem biscoitos amanteigados, mas, como diz um ditado – que ele inventou naquela hora –: na falta de biscoitos amanteigados, *donuts*. E que o Sup Moy tinha ido no Festival de Cinema, e tinha deixado trancada com chave a Comandância Geral do ezeéliene, o que era um problema, mas a solução era que ele tinha deixado a chave com o Sup Galeano, que, justo naquele momento, deixou cair a chave na frente da turma; e que ele ia ficar muito triste de contar ao Sup Moy que perdeu a chave no estádio, ok, no pasto, mas que a turma da Defensa Zapatista apoiou e encontraram a chave; e "aqui está a chave, Sup Moy, conte-me como foi o festival de cinema".

E quando o Sup Moy percebesse que da caixa com *donuts* só sobrava o papelão, o Sup Galeano ia informar que, na pequena lagoa que está em Puy, tinham avistado uma grande baleia que, em sua mandíbula, segurava um pedaço de *donut* cor de arco-íris, o que, intuiu o Sup Galeano, indicava que poderia não ser uma baleia, nem um "baleio", mas sim "umoa baleioa", e que nosso dever como zapatistas era dar abrigo e apoio, porque a diferença não era para se perseguir ou punir, mas sim comemorar, por exemplo, com um baile e, que coincidência, o Sup Galeano tinha acabado de criticar a comissão musical porque os companheiros musiqueiros só tocavam a Yaquecita[120] e que já deu dessa (na outra noite tinham tocado 53 vezes), e daquela de "assim, assim, assim" (32 vezes no baile anterior), e a Comissão Musical disse "vamos ver". Nisso os companheiros musicais começam com a Cumbia del Sapito[121] e, como todos sabem, o sapinho é primo-irmão da baleia; e no som anunciam que tem baile, e aí a correria de gente, mesmo os tercios e tercias, deixam seus equipamentos para trás, e levam o Sup Moy para o baile...

E só ficam ali sozinhos o Sup Galeano e o gato-perro, que late e mia para ele, e aí o Sup diz: "Eu sabia que você ia sacar", e ele tira o gorro e, dizendo a palavra mágica "*alakazam*", tira um *donut*, chocolate de novo, o último *donut* das montanhas do sudeste mexicano, e, como o chocolate derreteu e sua cabeça está toda pegajosa, o Sup Galeano pensa como vai fazer para limpar a balaclava.

Enquanto compartilha os *donuts* com o gato-perro, o Sup Galeano começa a contar uma história terrível e maravilhosa de uma menina chamada Calamidad Zapatista, que, para azar de ambos, aparece nesse momento com a aparelhagem de som dos tercios e diz para eles: "Querem brincar?", e vai até a lagoa jogar o aparelho onde saltam "algumoas baleioas", felizes que se importem com "eleas".

120 N.d.O.: Referência a "La Yaquecita", canção do grupo de cumbia mexicana Los Tigres del Norte.

121 N.d.O.: "La cumbia del sapito" também é uma popular cumbia mexicana, interpretada por diversos grupos musicais.

E, sim, de jeito nenhum, o gato-perro e o Sup Galeano tiveram que dividir o *donut* com a Calamidad e assim a detiveram, mas só por um momento, porque a Calamidad já encontrou o milho de pipoca do Sup Galeano e, com as bochechas manchadas de açúcar, fala festiva para eles: vamos brincar de pipoca!

Tan-tan.

Das montanhas do Sudeste Mexicano.
O Sup Galeano.

Percebendo que não é possível limpar a balaclava com saliva, resolve o problema colocando um chapéu de vaqueiro por cima.
O homem é bonito, e cada um na sua. Uhuu!

2019-2021.

Depois dos 17

Subcomandante Insurgente Galeano, 8 de setembro de 2021

Depois dos 17.
(Seção Miliciana Ixchel-Ramona).

Setembro de 2021.

Como parte de *La Extemporánea*[122] vai uma seção de milicianas. Além de fazerem parte dos grupos de "Escuta e Palavra", serão responsáveis pela segurança da aerotransportada e pela realização de um ou vários encontros de futebol com times femininos de toda a geografia europeia.

Havia 196 milicianas inscritas para viajar. Umas vinte tinham menos de 18 anos, mas se prepararam para viagens posteriores para os continentes da Ásia, Oceania, África e América, prevendo que a essa altura já teriam a maioridade para conseguir o passaporte.

As dificuldades para obter seus documentos (todas são *extemporáneas*) e as constantes idas e vindas devido às ocorrências dos "funcionários", as obrigaram a abandonar a tentativa. Algumas são mães solteiras e precisam trabalhar para sustentar os filhos. A maioria trabalha para apoiar suas mães e irmãos mais novos. A preparação também foi um problema, porque no caso não era um passeio, era necessário se preparar para fazer o trabalho de Escuta e Palavra. O que deu a elas mais trabalho foi aprender a escutar.

Sobraram 37. Se somaram duas menores: Defensa (15 anos) e Esperanza (12 anos). Então, no total, são 39 milicianas. Elas

[122] N.d.O.: *La Extemporánea* é o nome que se atribuiu à delegação zapatista que viajou à Europa em 2021, encabeçada pelo Subcomandante Insurgente Moisés. Este texto referencia centralmente esta experiência.

estão alojadas no quartel em Semillero há três meses, praticando, aprendendo, ensaiando e esperando que se abra a possibilidade de viajar: um lugar onde possam pousar na Europa. Todas são de raízes maia e falam tzeltal, tzotzil, cho'ol, tojolabal e castela.[123] Umas poucas têm mais de 25 anos, a maioria tem entre 18 e 21 anos. Suas habilidades futebolísticas são segredo de Estado, mas sua disposição para a luta é visível.

No quartel onde estavam alojadas nenhum homem adulto podia entrar sem permissão. Caso algum homem, sem noção, entrasse, era imediatamente cercado por um grupo de milicianas e era "exortado", com o sólido argumento dos tacos e das atiradoras, a sair imediatamente.

Na preparação e adaptação delas, os primeiros dias foram difíceis. Os seguintes foram ainda mais. Longe da família, dos amores e da comida dos seus povoados, suportaram a incerteza, a fome, as doenças, as mudanças de clima, a confusão de conviver com outras diferentes, a surpresa de aprender coisas novas e a maravilha de perceber que podiam fazer o que não sabiam que podiam fazer. Por exemplo: escutar. E me desculpem se insisto de novo nisso de escutar, mas é que olho lá para fora e ouço todo mundo querendo falar – ou melhor, gritar – e ninguém, ou quase ninguém, disposto a escutar.

Estas minhas companheiras combatentes deixaram para trás, perto ou longe no calendário, os 17 anos. A identidade delas não está em dúvida: são ZAPATISTAS.

***

[123] N.d.O.: Aqui o autor se refere ao castelhano pelo nome da comunidade linguística que lhe deu origem (Castela, na Espanha). Trata-se, evidentemente, de uma referência política sutil.

Só que não.

Uma miliciana toma a palavra na Assembleia Geral de *La Extemporánea*, quando se avalia o que foi alcançado ou não no curso "Ouvir e Falar":

> Eu não sabia tudo isso que contaram. Achei que sempre tinha sido assim, que podia ir para a escola, que podia ter um namorado sem que isso me obrigasse a casar, que podia casar se quisesse ou não, que podia me vestir do jeito que eu gosto, que podia participar, que podia aprender, que podia ensinar. Eu pensava que sempre tinha sido como agora, que temos direitos e não só obrigações. Mas já escutei como a companheira falou sobre como se vivia na época dos fazendeiros. Já escutei o que custou se preparar para lutar. Já escutei o que custou a guerra. Já escutei como se fez a autonomia. Então o que eu acho é que eu tenho que me preparar para defender. Que seja, que aquele tempo que já passou nunca mais volte. Eu achei que a gente nascia assim, com liberdade. E eis que não, eis que tivemos que lutar, eis que temos que continuar lutando. Por isso, não há descanso.

Em defesa dos 17 anos.

Não tenho muita certeza, mas acho que foi no ano de 2018.

Por ocasião do I Encontro de Mulheres que Lutam,[124] foi decidido que as milícias ficariam responsáveis pela se-

[124] N.d.O.: Referência ao Encontro Internacional, Político, Artístico, Esportivo e Cultural de Mulheres que Lutam, ocorrido em 2018 no caracol da zona Tzotz Choj, Chiapas.

gurança. Elas foram chamadas para praticar. Nas marchas não acertavam uma. Tão variados quanto os idiomas que dão sua origem e destino, seus passos eram desordenados, descompassados. Por mais que praticassem, não havia melhora alguma. Desesperado, decidi que talvez com algum ritmo musical elas pudessem uniformizar o passo. As tercias estavam testando o equipamento de som. Perguntei a elas se tinham alguma música. "Só cumbias e reggaeton", responderam. "Algo que não seja isso, outra coisa", insisti. "Não tem", responderam rindo. Perguntei às milicianas para ver se alguma delas tinha no celular alguma música que eu pudesse usar. Sussurros e risadas cúmplices entre elas. Demoraram. Afinal uma disse "só cumbias". "Bem", pensei resignado, "que cumbias vocês têm então? E não me diga que 'La del Moño Colorado'[125] porque todas vão morrer miseravelmente". Novas risadinhas e sussurros em quatro línguas maias diferentes. Depois de um tempo: "só uma, a de 17 anos". "Todas têm só uma cumbia e é a mesma?" "Sim, a de 17 anos". "Bom, ok, essa então, passem para as tercias para colocarem na caixa de som grande. E se coloquem em forma para voltar a praticar".

Começaram os primeiros acordes, levantam e cruzam seus bastões e, *alakazam*, começam a marchar igualzinho, sem perder o passo. Mais tarde perguntei se era verdade que só tinham aquela cumbia. "Sim", disseram, "quando tivermos sinal ou as outras companheiras vierem, vamos ter mais, como a de 'Cómo te voy a olvidar'".[126]

[125] N.d.O.: "La del moño colorado" é uma cumbia mexicana do grupo Los Pedernales.

[126] N.d.O.: Cumbia do grupo mexicano Los Ángeles Azules.

Pedi então a lista das milicianas por caracol, com a idade delas, para agrupá-las por idioma e idade. A imensa maioria tinha entre 15 e 17 anos.

Agora elas têm entre 18 e 21 anos, ninguém as obriga a se casar, tenham namorado ou não – isso não as preocupa –, se apaixonam e desapaixonam, partem corações e têm os corações partidos. Sabem que ninguém pode obrigá-las a fazer algo que não querem, e sabem se defender. Aprenderam alguma coisa sobre os pontos vulneráveis dos homens, caso precisem usar defesa física. Também o que dói nos homens quando é dito, caso tenham que usar defesa psicológica. Não me pergunte quem ensinou a elas esses "segredos" masculinos.

Questionadas sobre se têm namorado, a maioria respondeu que sim. Uma disse: "*cheb*" ("dois"). A que estava ao lado dela começou a dizer algo em voz baixa, então a companheira corrigiu: "Não, *ocheb*" ("três"). Outra mais: "*bayal*" ("muitos"). Outra demorou a responder porque, segundo ela, havia perdido a conta. As três riram muito.

Resumindo: tiveram 17 anos e nessa idade, essa cumbia – acho que de Los Ángeles Azules[127] – as acompanhou no amor e no desamor. Quem critica essa cumbia ou pede a sua censura, talvez tenha esquecido o que é ter 17 anos. Talvez tenham esquecido que sim, os relacionamentos podem ser os de um predador sangrando sua presa – e em qualquer idade. Mas também podem ser a inquietação e a liberdade para amar e desamar. Descobrir assim que é possível ter, como coração, uma flor agridoce e, ao mesmo tempo, uma ferida que não cicatriza. Além de que deveriam, é claro, pedir também que censurassem Violeta Parra e seu "Volver a los 17".

[127] N.d.O.: Referência à cumbia "17 años", do grupo mexicano Los Ángeles Azules.

Agora, depois dos 17, pode ser que as milicianas dediquem "Cómo te voy a olvidar" a esse amor passado ou presente.

⁂

Penélope Subvertida.

Perguntei a elas o que tinham falado para os seus namorados. Responderam assim: "Que se ele realmente me ama e isso não é mentira, que espere por mim, e se não, então tá, procuro outro". Ou seja, nada de tecer e destecer o tecido eterno da espera vã. Mais um exemplo de "ensinar a missa para o vigário".

⁂

O Consentimento.

Dizem para as companheiras que ninguém pode tocar nelas sem o seu consentimento explícito. Nem segurar as mãos, nem colocar a mão nos ombros delas, nem nada. Foram instruídas sobre como tirar, por exemplo, uma mão viril do ombro, independentemente de ser comandante ou não. O mesmo com a imagem delas: ninguém pode tirar fotos ou vídeos sem o seu consentimento. Muito menos publicar. Viram o vídeo que aparece no final deste texto[128] e perguntaram se

[128] N.d.O.: O vídeo em questão compila imagens dos treinos e práticas das milicianas zapatistas, ao som das músicas "Sembraremos rebeldía", da banda espanhola AlaDeMoska, e "El baile de la gambeta", do grupo argentino Bersuit Vergarabat. O vídeo pode ser assistido na publicação original do texto: "Después de los 17 (la sección miliciana Ixchel-Ramona)". Enlace Zapatista, 8 set. 2021. Disponível em: https://enlacezapatista.ezln.org.

podia ser publicado ou não. Se reuniram por caracol e língua. Discutiram e concordaram por unanimidade em publicá-lo. Estejam avisados.

***

Cada um do seu jeito.

De minha parte, desde esse 2018 vivo no engano. Eu achava que o refrão da cumbia "17 años" dizia: *que triste es el amor, que triste es el amor*. As sargentas me tiraram do erro: "É assim, Sup, fala que: *que si eso es el amor*. No sentido de que a menina não sabe, só está aprendendo", e riem.

Já nas práticas da marcha, com "La Carencia", de los Panteones,[129] "El Lago de los Cisnes"[130] e "Cumbia del Sapito", se mostrou que a dança, como a vida, pode atravessar os muros mais intransponíveis.

Não sei, eu digo que as cumbias são como as camisetas dos uniformes de futebol. Com tesoura, linha e agulha, dá para arrumar para que fiquem de acordo com o seu gosto: bem justas ou bem largas.

Conclusão: cada um do seu jeito, cada um com a sua cumbia, cada um com seu *pas de chat* (ou *chat-chien*). E cada um com seu ska. Ao trampolim, galera!

Dou fé.

---

mx/2021/09/08/despues-de-los-17-la-seccion-miliciana-ixchel-ramona/.

129 N.d.O.: Referência à canção "La carencia", do grupo mexicano de ska-rock Panteón Rococó.

130 N.d.O.: Referência à canção "El lago de los cisnes", da banda de cumbia peruana Cesarín y Su Grupo.

O Sup Galeano praticando o “Chúntaro Style”.[131]
(Oh, bem, cada um esfrega o chão chão pode.)
México, setembro do ano 501.

[131] N.d.O.: Canção do grupo mexicano de rock El Gran Silencio.

APÊNDICES

Futebol popular e a cultura do *potrero*

Raúl Zibechi

Há quase dez anos, durante o III Congreso Villero em Buenos Aires, vários membros da organização La Garganta Poderosa[132] me explicaram como esse movimento entende o "futebol popular". A lógica é a do *potrero*, aquele espaço onde jogávamos nos bairros e convertíamos o barro em campo para nos divertirmos. A palavra já diz tudo: "*potrero*" é o local onde ficam os potros (cavalos), o que indica que o terreno é irregular, barroso e com quase nada de grama.

No entanto, era o lugar que escolhíamos para passar horas e horas correndo, chutando e, às vezes, fazendo gols. Pessoalmente, durante a infância lembro que jogava no parque em frente à minha casa, e marcávamos os gols com a roupa que tirávamos para jogar. Nos melhores dias, nos aproximávamos dos campos-*potreros* do calçadão, frente ao mar, que tinham gols de verdade, ou seja, três postes irregulares e instáveis.

"Antes de cada partida ocorre uma assembleia e são definidas as regras da partida. Como vimos que não passavam

[132] N.d.O.: *La Garganta Poderosa* é a revista mantida pelo movimento popular La Poderosa, iniciado em 2004 na Villa Zavaleta (uma das comunidades mais populosas da cidade de Buenos Aires). Atualmente o movimento é composto por um número expressivo de assembleias organizadas em diferentes comunidades na Argentina e outros países latino-americanos (inclusive no Brasil). Suas atividades incluem iniciativas cooperativas de trabalho, práticas voltadas à educação popular e outras formas de militância.

a bola para as mulheres, decidimos que o gol da mulher valeria o dobro. E então começou o debate sobre se isso seria discriminação. Agora, quando as mulheres jogam melhor, ninguém diz que os gols delas valem o dobro, pois seria um insulto", me disse um jovem de La Garganta Poderosa.

Para esta organização, o futebol pode ser uma ferramenta para a transformação da sociedade e o desenvolvimento das comunidades, já que quem joga sempre vem dos bairros populares.

"A única regra que se impõe é a proibição de impor", continua o compa que não se identifica, porque para os meios de comunicação todos dão o nome da organização. "Todos nós chamamos Garganta Poderosa, é como a balaclava dos zapatistas. Quando eles lhe individualizam, você se torna uma peça de um quebra-cabeça que você não domina, e assim eles destroem todo o coletivo. Nos bairros, os policiais individualizam todo um coletivo em uma só pessoa, e aí fica mais fácil destruí-lo."

Nos campeonatos que organizam, todos e todas podem jogar, porque as regras se adaptam a quem está em campo. "Jogamos sem árbitro, pois não se faz necessário; se formos leais, não precisamos de um juiz. Se alguém faz uma falta, os próprios jogadores cobram. Antes do jogo é nomeado um moderador que fica de fora, e se for preciso parar o jogo porque algo ruim aconteceu, paramos e conversamos. Foi difícil impor esta forma de funcionar, mas agora ela já está em muitos lugares: na nossa liga joga até mesmo a comunidade indígena *qom*[133] que está com um time de Boedo, e todas são organizações de base."

[133] N.d.O.: Etnia também conhecida como *toba*, embora este termo, de origem guarani, tenha um caráter pejorativo. Historicamente, os *qom* habitam a região do Chaco, mas durante o período colonial passaram a se deslocar também para outras áreas no que se configuraria como o norte

Alguns mediadores acompanham o jogo, podem interrompê-lo para debater, e depois dar um pequeno retorno aos jogadores.

Durante a Copa do Mundo realizada no Brasil no ano de 2014, integrantes da organização passaram um mês na favela Santa Marta, no Rio de Janeiro. Disputaram uma partida com a Cidade de Deus para desmistificar estigmas e terminaram gritando "o povo unido". Foram para a favela porque, na cobertura para sua revista, queriam unir o amor pelo futebol com a crítica à Fifa e à repressão durante a Copa. "Assim como os milicos usaram a Copa do Mundo de [19]78 (na Argentina) para tapar crimes contra a humanidade, nós usamos a Copa do Mundo como vitrine para mostrar tudo o que não é dito."

Este é o depoimento de militantes que organizam o "futebol popular" na Argentina, com a intenção de resgatar as suas origens operárias e populares das garras da Fifa e do capitalismo. Suas formas de jogar o futebol remetem às práticas esportivas das comunidades zapatistas, onde meninas e meninos jogam basquete sem contar as cestas, porque se trata de jogar, e não de ganhar. Quem ganha é a comunidade, o comum, a vida coletiva.

Montevidéu, dezembro de 2023.

---

argentino, e posteriormente, para as áreas periféricas de cidades em outras regiões do país.

De caracóis e de polvos contra o lobisomem

Futebolistas abaixo e à esquerda

Tal vez, para equilibrar un poco su evidente desventaja, le pasaría a usted información secreta. Por ejemplo, que el seleccionado zapatista es mixto (o sea, que hay hombres y mujeres); que jugamos con botas de las llamadas «mineras» (o sea, que tienen punta de acero, por eso se ponchan los balones); que, según nuestros usos y costumbres, el partido sólo se acaba cuando no queda en pie ninguno de los jugadores de uno de los equipos (o sea, que son de alta resistencia); que el EZLN podría reforzarse a discreción (o sea, que los mexicanos Bofo Bautista y Maribel Marigol Domínguez pudieran aparecer en la alineación... si es que aceptan), y que hemos diseñado un uniforme camaleónico (si vamos perdiendo, a nuestra camiseta le aparecen rayas negras y azules, confundiendo al rival, al árbitro... y al público).

Subcomandante Insurgente Marcos,
Carta al Inter de Milán, 30 de março de 2005.

Lá se vão quase vinte anos desde que EZLN e Inter de Milão trocaram cartas em desafio para uma ou duas (ou sete, se dependesse da equipe ezeta) partidas. Sem perder nunca a magia característica com as palavras, os zapatistas aproveitaram a luz sobre sua luta – jogada pela bilionária e tradicional equipe italiana – para destacar o que há de mais importante em sua visão de mundo: os outros mundos possíveis, e a necessidade de justiça para aqueles que enfrentam o poder neste mundo em que vivemos.

Pensar em outros mundos possíveis e jogar futebol é como estar em um período de gestação, de elaboração de algo novo e desconhecido, capaz de mudar profundamente o mundo ao nosso redor. Mas como lidar com a aparência sedutora e inclusiva do capital, preparada para capturar qualquer coisa insurgente que tente desafiá-lo? Sua raiz é profunda e, mesmo apodrecida, sobrevive. Se espalha como rama num solo fértil. Se edifica sobre exploração e expropriação. A raiz podre faz do mundo violento para a maioria. Tal qual um lobisomem, o capital usa o aparelho do Estado como seu braço, finca suas garras na nossa terra e usurpa tudo quanto é força para se sustentar.

Aqui no Brasil a fome mata. As altas taxas de transfobia e de feminicídio aumentam vertiginosamente. Tem mais terra para pasto e agronegócio do que para gente. E o futebol? Vive intensamente no imaginário coletivo, é tido como uma paixão nacional. A ginga do povo brasileiro faz estremecer as arquibancadas. Golzinho na rua, futsal, várzea, futebol 7, altinha... São tantas formas. O futebol é encontro, é contato, é coletivo, é resenha e mexe com as nossas estribeiras quando acontece aquela jogada e, principalmente, quando o gol vem. Essa alegria nos faz esquecer dos problemas, mesmo que momentaneamente.

Mas o lobisomem nos apaixona de dia e nos devora à noite. E a mesma bola que nos encanta quando está conosco se transforma em exclusão, divisão, ódio, manipulação sob os pés do negócio.

No meio dessa disputa eterna, constante, quase vinte anos atrás começam a surgir em terras brasileiras times mais aguerridos, abaixo e à esquerda, comprometidos em construir um mundo mais justo, e não só dentro das quatro linhas.

Um ano após a carta de onde saiu o trecho que abre este texto, um processo que já efervescia em quadras de futebol de salão, em São Paulo, deu um salto para os campos de várzea: era o Autônomos Futebol Clube, fundado majoritariamente por punks, anarquistas e dissidentes políticos apaixonados por futebol, mas dispostos a olhar para a prática do esporte mais popular do planeta de baixo para cima. Assim como o time do EZLN descrito na carta, o Autônomos iniciou sua jornada com homens e mulheres, quase sempre em times separados, mas, aqui e ali, jogando com uma equipe mista.

Os primeiros anos na várzea, precedidos por pouco mais de um ano no futebol 7, tiveram uma coisa em comum com a luta zapatista: a disputa por territórios. Nesse princípio, pisar a grama sintética ou o terrão tradicional dos campos da grande metrópole paulista era também uma missão de afirmação, um exercício da possibilidade de coexistência de um outro futebol em meio ao já muito diverso ambiente do futebol amador paulista. Serpenteamos, então, por todo lado: Santo André, Guarulhos, Osasco, Barueri, Lapa, Rio Pequeno, Casa Verde, Guaianazes, Vila Maria e muitos outros bairros nos receberam, bem ou mal. O *Auto*, como ficou conhecido, também ganhou seus apelidos: *Manchester Rock&Gol*, por conta das cores; *time dos roqueiros*, pelas aparências dos e das atletas.

Como bons internacionalistas e honrando o nome da equipe, aceitamos as brincadeiras, mas não abrimos mão da nossa autodeterminação: adotamos a Mafalda como mascote e encontramos na Lapa, depois de muita perambulação, um ponto de fixação. Ao firmarmos nossa presença no território, poderíamos começar a construir nosso caracol, parecido e ao mesmo tempo diferente do dos zapatistas, a ponto de talvez ser mais apropriado chamá-lo de polvo: surgia a Casa Mafalda, nossa sede e, logo depois, um centro social autônomo e independente.

De lá, construímos coletivamente – e por vezes em oposição dentro de campo, mas apenas durante os dois tempos de jogo – uma cena da qual passaram a fazer parte muitas outras pessoas, coletivos, equipes e territórios. Surgiram adversários-companheiros, tão rápido e de forma tão dispersa que, quando conseguimos perceber, nosso polvo já ostentava muito mais que oito tentáculos. Alguns deles poderiam ser chamados de rachas, e nada mais justo do que dividir vontades e desejos que não se encontram no presente, mas apontam juntos para horizontes comuns – afinal, acreditamos em outros mundos possíveis, no plural. Apesar disso, todos fazem parte do mesmo mar de gente que resolveu tomar o futebol para si como parte da cidade, confundi-lo com o espaço urbano e afirmar que há interesses outros na metrópole que não os da especulação imobiliária.

Entre eles, está o Rosanegra Ação Direta pelo Futebol, um coletivo misto, disposto a movimentar seu futebol como ferramenta política e que, além da Casa Mafalda, adotou como sede outro espaço anarquista autogerido, a Casa da Largatixa Preta, em Santo André.

As formas de enfrentar o lobisomem, muitas vezes, podem parecer pontuais. Só pelo lazer, jogar futebol popular já seria um respiro: divertir-se não é uma possibilidade no cotidiano da maioria das pessoas e lugares deste planeta rodante. Mas oportunizar a peleja para quem é de alguma forma excluída do futebol é um ato político.

É nesse caminho que corre, dribla e pedala o Rosanegra.

As mulheres, por muito tempo, foram proibidas de praticar futebol no Brasil (exceto em jogos-espetáculos como mulheres dóceis, delicadas e "femininas", que desfilavam seus corpos como se o campo fosse um cabaré, como objeto). Negros e pobres que jogavam também já foram vistos como vagabundos, e seus times excluídos das ligas no começo do século passado. O futebol por aqui começou como um esporte elitizado, branco e para homens. O povo o tomou à força, transformou o jogo em outra coisa e obrigou os de cima a aceitá-lo.

Mas o lobisomem sente a fome da ganância e usurpa nossas formas de vida. Numa metrópole que cresce e engole tudo que não é rentável, aumentam os custos para quem quer jogar, começando pela bola, tempo disponível, espaço e gente suficiente para praticar futebol.

De baixo, contra-atacamos: paramos avenidas para jogar bola, recuperamos quadras abandonadas, fundamos nossas próprias ligas, levamos o futebol para reduzir os danos em locais onde o Estado se ausenta – ou se apresenta apenas com seu braço armado. Onde o lobisomem caça, nós preparamos armadilhas: times e mais times por todo lado, de todo jeito e todo tipo. União Lapa (misto como o Rosanegra), Celeste Proletária, Catadão, Coletivo Democracia Corinthiana (ocasionalmente mistos), Clandestinos (levantando alto a bandeira antirracista), Meninos Bons de Bola (o primeiro time inteiramente trans do Brasil), entre outros. Mais: semeamos equipes em outras cidades, estados, países, e descobrimos uma rede internacional de futebol anticapitalista na Europa – que, assim como a Inter de Milão, ofereceu ajuda financeira para estruturarmos aqui no Sul a nossa própria rede. A diferença é que, ao contrário dos italianos, parte desses europeus – os Easton Cowboys & Cowgirls, de Bristol, Inglaterra, clube que antes de nos visitar foi jogar bola com os zapatistas em Chiapas e com os palestinos em Gaza – aceitou o desafio de vir jogar na América (no Brasil, na Argentina e no Uruguai) e levou alguns dos nossos times para jogar também por lá.

Hoje, encontramos articuladas – por São Paulo, Rio de Janeiro, Curitiba, Mato Grosso do Sul, Minas Gerais e Porto Alegre – não apenas equipes, mas ligas de futebol antifascista, abaixo e à esquerda, e iniciativas futeboleiras desafiadoras das regras de gênero, identidade social, raça e classe. Seguimos disputando territórios, seja articulando uma equipe de futebol de meninas e mulheres na última favela do centro de São Paulo, organizando peladas semanais na rua no meio da Cracolândia em parceria com coletivos, moradores e frequentadores do espaço, estruturando oficinas de futebol, basquete e boxe em Guarulhos ou somando na luta por existência de clubes e espaços populares históricos paulistanos, como o Santa Marina Atlético Clube e o Complexo de Campos de Várzea do Campo de Marte. Tantos tentáculos que já não há mais cabeça para controlá-los – e não precisa haver.

A Casa Mafalda se foi em 2016, e a Casa da Lagartixa Preta, em 2020, mas, enquanto os tentáculos boleiros espalhavam outros futebóis em novas experiências, as nossas extintas cabeças do polvo, decepadas pela especulação imobiliária, conseguiram gestar outras vidas dentro de si: o Cursinho Livre da Lapa, uma experiência de educação libertária em consonância com grande parte dos ideais da Escuelita Zapatista. Assim como o futebol, os cursinhos se espalharam rapidamente, dando origem a uma rede de cursinhos livres e populares por toda a Grande São Paulo.

Éramos poucos no começo, quando o Autônomos Futebol Clube se contentava em desafiar equipes tradicionais cantando hinos punk enquanto jogava. Nunca imaginávamos chegar onde chegamos, e talvez por isso mesmo tenhamos chegado tão longe: nosso objetivo sempre foi o de construir no presente todos os futuros que quiséssemos. E eles são muitos.

Nosso polvo sem cabeça, descentralizado e espontâneo, segue crescendo e se espalhando, e anda até escrevendo posfácios de livros. E para você, que leu até aqui, deixamos o convite para vir disputar a cidade conosco, seja reforçando qualquer um dos tentáculos, seja criando o seu próprio.

Sempre abaixo e à esquerda,
Adriana Shiraishi, Danilo Heitor,
Jaqueline Almeida e Soraia Costa.

Micael Zaramella é mestre em História Social pela Faculdade de Filosofia, Letras e Ciências Humanas da Universidade de São Paulo (FFLCH-USP), e autor do livro "No gramado em que a luta o aguarda: antifascismo e a disputa pela democracia no Palmeiras" (Ed. Autonomia Literária, 2022). Mantém a coluna "Campo sem juiz" no site da sobinfluencia, e é o organizador de "Rostos cobertos, corações à mostra: futebol, autonomia e luta zapatista"

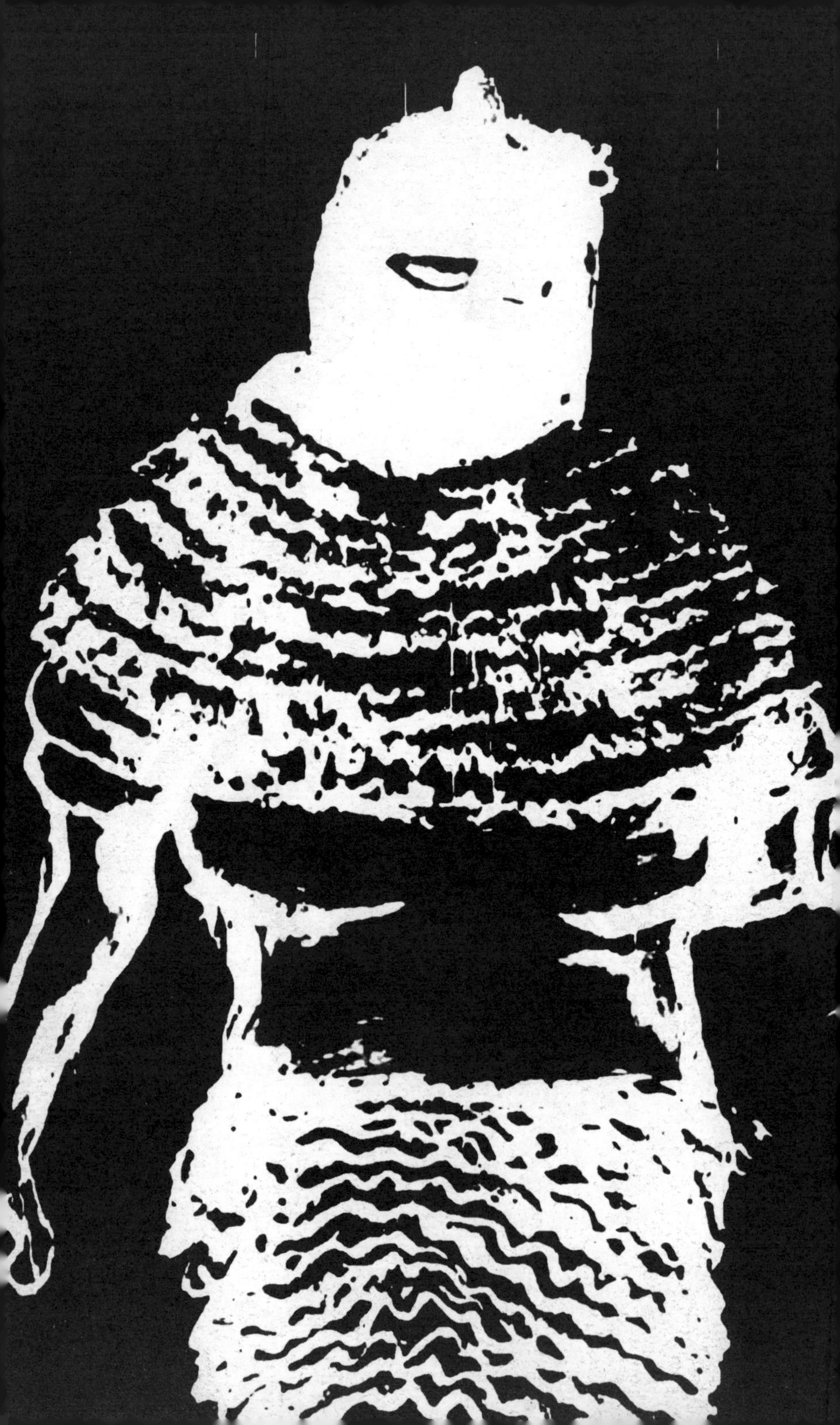

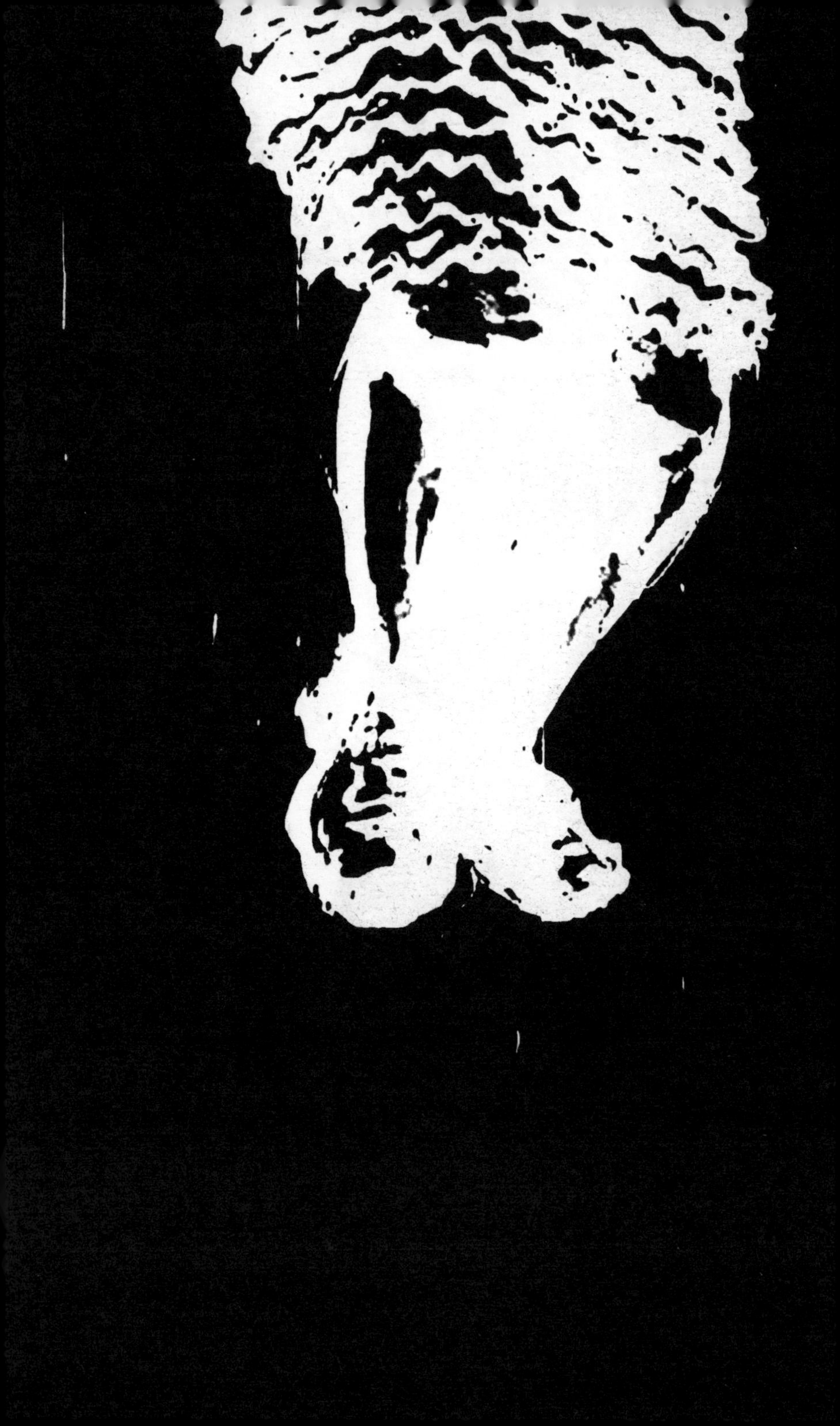

COORDENAÇÃO EDITORIAL - SOBINFLUENCIA
Fabiana Vieira Gibim, Rodrigo Corrêa e Alex Peguinelli

COORDENAÇÃO EDITORIAL - AUTONOMIA LITERÁRIA
Manuela Beloni, Caue Ameni e Hugo Albuquerque

PREPARO Alex Peguinelli

REVISÃO INICIAL Lígia Marinho

REVISÃO FINAL Fabiana Gibim e Alex Peguinelli

PROJETO GRÁFICO Rodrigo Corrêa

ILUSTRAÇÃO DA CAPA Marina da Silva

Dados Internacionais de Catalogação na Publicação (CIP)
de acordo com ISBD

Z36r Zaramella, Micael
Rostos cobertos, corações a mostra: Futebol, autonomia e zapatismo / Micael Zaramella. - São Paulo : sobinfluencia edições, 2024.
176 p. : 13,5cmx 21cm.
ISBN: 978-65-84744-38-7 / 978-65-5497-021-1

1. Política. 2. Futebol. 3. México. 4. Filosofia. 5. Zapatismo. I. Título.

2024-869 CDD 320
CDU 32

Elaborado por Vagner Rodolfo da Silva - CRB-8/9410
Índice para catálogo sistemático:

1. Política 320 2. Política 32

---

sobinfluencia.com

Este livro é composto pelas fontes minion pro e
neue haas grotesk display pro e foi impresso
pela Graphium no papel avena 70g,
tiragem de 1500 exemplares